国家发展与战略丛书

National Development and Strategy Series

开放经济下的结构转型与增长

Structural Change and Growth in an Open Economy

邹静娴／著

中国人民大学出版社

·北京·

图书在版编目（CIP）数据

开放经济下的结构转型与增长/邹静娴著. --北京：中国人民大学出版社，2020.10
（国家发展与战略丛书）
ISBN 978-7-300-28487-3

Ⅰ.①开… Ⅱ.①邹… Ⅲ.①中国经济-转型经济-研究 Ⅳ.①F12

中国版本图书馆 CIP 数据核字（2020）第 162127 号

国家发展与战略丛书
开放经济下的结构转型与增长
邹静娴 著
Kaifang Jingji Xia de Jiegou Zhuanxing yu Zengzhang

出版发行	中国人民大学出版社			
社　　址	北京中关村大街 31 号		**邮政编码**	100080
电　　话	010 - 62511242（总编室）		010 - 62511770（质管部）	
	010 - 82501766（邮购部）		010 - 62514148（门市部）	
	010 - 62515195（发行公司）		010 - 62515275（盗版举报）	
网　　址	http://www.crup.com.cn			
经　　销	新华书店			
印　　刷	唐山玺诚印务有限公司			
开　　本	720mm×1000mm　1/16		**版　　次**	2020 年 10 月第 1 版
印　　张	11.25 插页 1		**印　　次**	2024 年 6 月第 2 次印刷
字　　数	105 000		**定　　价**	72.00 元

前　言

　　本书探讨了开放经济背景下汇率制度和人口年龄结构对于一国结构转型、经济增长的影响。一个简单的两部门模型，可以证明当可贸易部门相对于不可贸易部门有更快的生产率进步时，由于国内名义价格黏性的存在，固定汇率制度（fixed exchange rate regime，FERR）下巴拉萨-萨缪尔森效应被削弱。由此导致的实际汇率低估，一方面将抑制工资上涨，但另一方面可能的好处是促进可贸易部门扩张，进而带动经济增长。但必须指出，这种增长效应是以一国基本面准备为支撑的，这其中包括净的经常账户盈余头寸、强健的出口部门，以及较低的劳动力成本。如果不满足这些条件，固定汇率制度可能无益于经济增长。为了讨论长期经常账户头寸的决定因素，本书还将联系"配置之谜"（allocation puzzle），考察长期经济增长率对于经常账户净头寸的影响。我们发现一国所面临贸易伙伴国的加权经济增速，以及金融发展程度对经常账户具有很强解释力，这一点在发展中国家、发达国家中均成立。

除此之外，人口年龄结构也会对结构转型产生影响。一个包含两部门（工业、服务业）的世代交叠（青年、老年）模型，可以证明年龄结构将从供给、需求两方面共同发挥作用：一是规模效应，是由两代人偏好差异导致的；二是构成效应，这是通过两类劳动力相对工资改变而间接从产品供给面发挥作用的。在一定条件下，两种效应的作用方向将是一致的，因此，人口老龄化将从供、需两方面共同作用，使得工业部门相对服务业部门呈现萎缩状态。

本书对于理解中国经济过去几十年间的增长方式和汇率制度选择具有重要意义。我们认为，在此前固定汇率制度时期，中国通过抑制劳动者收入上涨补贴了可贸易部门，进而实现了出口导向型增长。同时，低抚养比和低城市化率的"人口红利"又使得这套增长模式得以长期运转并自我强化。但未来随着中国人口老龄化程度及城市化率的攀升，以往的增长模式将变得越来越难以维系。基于此，更为灵活的汇率制度安排，以及与人口结构相匹配的产业格局，将有助于提高我国劳动收入份额，实现由"出口导向型"向"内需拉动型"增长方式的转变。

目　录

第1章　导论

1.1　研究背景

　　研究开放经济下的结构转型与增长存在多个视角，其中因为汇率是两国间货币的相对比价，所以可以作为一个研究的切入点。从巴拉萨-萨缪尔森效应（简称巴萨效应）框架出发（Balassa，1964；Samuelson，1964），实际汇率（real exchange rate，RER）升值压力的背后是可贸易部门相对于不可贸易部门的生产率的进步。而在以往的研究中，一个普遍的发现是巴萨效应在发展中国家更弱。对此，主流的解释是发展中国家存在大量的剩余劳动力及隐形失业（Ito et al.，1999；王泽填和姚洋，2009）。正是这部分劳动力的存在，使得工资上涨乏力，且最终表现为国内通货膨胀被抑制。这一解释具有一定合理性，但再推进一步，我们就会发现这一回答难以解释发展中国家在汇率方面表现出的一些其他共性特征，这些共性特征包括：（1）发展中国家明显更偏好于使用固定汇率制度（见图 1-1）；（2）即便是那些被归为实行弹性汇率制度的发展中国家，也普遍有"浮动恐惧"（Calvo and Reinhart，2002）。

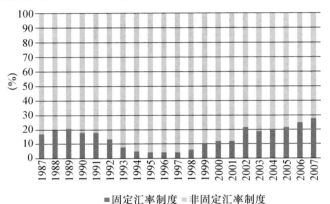

（a）

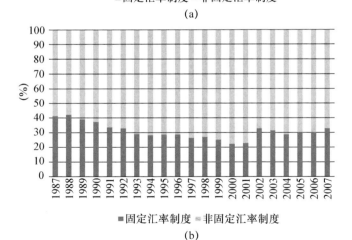

（b）

图 1-1　高、低收入国家固定汇率制度占比

注：（a）高收入国家；（b）低收入国家。图中高、低收入国家是按照世界银行的标准进行分类的；汇率制度是按照国际货币基金组织的标准进行分类的，其中非固定汇率制度包括中间汇率制度和浮动汇率制度，具体分类细节见第 3 章数据描述。

以往文献中对于固定汇率制度、浮动汇率制度之争，大多是从纪律约束力、物价稳定、充分就业、投资促进等角度去谈固定汇率制度优势的（Mundell，1960，1961）。不可否认，固定汇率制度可以通过稳定价格起到促进经济增长的作用。但必须指出，这一好处的另一面是当一国面临不利冲击时，固定汇率制度也会因此遭受比浮动汇率制度更大的打击（Levy-Yeyati and Sturzenegger，2003）。

除了对如何选择汇率制度的解释无法让人信服，一个更大的挑战在于如何解释一国在不同发展阶段做出的汇率制度调整——前者是静态的汇率制度选择，而后者关心的则是在不同汇率制度间的转换。这一问题背后对应的现实是：我们观察到大多数采取出口导向型增长模式的国家和地区在其工业快速赶超阶段都偏好于采取固定汇率制度（例如，20 世纪 50—60 年代的日本和联邦德国，1997 年之前的韩国和中国台湾地区等），并在工业化完成后又倾向于放弃固定汇率制度。这背后究竟有何逻辑？

如果我们试图用传统理论来解释，经典理论会告诉我们，在不存在摩擦的情况下，名义量的变动不会影响到实际量，因此，汇率制度的选择应该只影响名义汇率（nominal exchange rate，NER），而不会对实际量（实际汇率、实际产出等）产生影响（Rose，2011）。相应地，实证上也确实有研究发现选择何种汇率制度并不能影响到实际汇率（Chinn and Wei，

2013）。不仅如此，实证研究还常常发现汇率制度与经济增长间的关系并不稳健（Rose，2011）；有学者甚至发现，按照一国汇率实际波动情况定义的固定汇率制度其实是不利于发展中国家经济增长的（Levy-Yeyati and Sturzenegger，2003）。

如此一来，发展中国家在赶超阶段表现出来的"固定汇率制度偏好"就显得缺乏依据。正是为了弥补文献中的这一不足，我们希望可以找到汇率制度的选择对一国经济结构转型、增长的真正作用机制，选择固定汇率制度带来的利弊得失，以及促使固定汇率制度发挥积极效果的互动因素。

要使汇率制度的选择对实际量产生不同影响，就必须打破经典模型中"无摩擦"这一假设，而在本书中我们引入的市场摩擦是价格黏性，更准确地说，其表现为工资黏性。在此假设下，国内通货膨胀则是不完全的。考虑到实际汇率上升的实现方式无非是名义汇率升值和国内通货膨胀这两种，可以预计，由于固定汇率制度下唯一使实际汇率升值的渠道——国内通货膨胀被抑制，最终结果会是固定汇率制度下实际汇率升值的幅度比较小。这一结果就很好地解释了发展中国家的固定汇率制度偏好，但前提是该国必须有（可贸易部门相对于不可贸易部门）更快的生产率进步，这也恰恰是大多数发展中国家在经济赶超阶段所表现出来的。在生产率进步程度相同的情况下，我们将固定汇率制度（相比浮动汇率制度）实际升值不足的那一部分定义为"由巴萨效应导致的对实际汇率的低估"。这种实际低估将带来两种效果：一方面压低了实际工资的上涨幅度，但另一方面可贸易部门将积累更丰厚的利润。对于那些盈余国和出口部门占比较大的国家，可贸易部门获得的好处就可能超过工人工资受损的部分，进而实现对经济整体收益的改善。可以看出，固定汇率制度的福利效应是非对称的：劳动力受损，可贸易部门获利。从要素所有者的角度看，一个自然的推论就是资本所有者因此受益。这种汇率制度安排的必然结果就是会影响产业格局——通过压低劳动所得，支持可贸易部门的扩张，也就是我们所说的"出口导向型增长"。

那么固定汇率制度是否是一个放诸四海而皆准的良方呢？本书给出的答案是明确的——并非如此。首先，其必要条件是一国生产率增长较快。其次，还必须保持贸易盈余净头寸、相对较强的出口部门，以及较低的劳动力成本。

将这些要求摆在一起，有助于我们理解发展中国家是如何选择汇率制度，以及随着发展阶段变化而做出汇率制度调整的。应该说，考虑到可贸易部门的技术外溢性，在工业发展的早期阶段，通过压低工人工资以补贴工业部门的做法也是无可厚非的，尤其是当我们以长远的历史眼光来进行政策评估时。但当工业已经发展到一定程度，收入差距问题已不容忽视时，固定汇率制度带来的弊端就可能日益凸显，同时工业部门的获益也会面临边际递减。这意味着，固定汇率制度导致的利弊关系并不是一成不变的，而是随着发展阶段而不断动态变化的。

这些结论对于理解中国过去十余年间因实行固定汇率制度而产生的利弊得失具有重要意义，同时也为中国下一步的汇率制度安排、产业结构调整指明了方向。未来，要使经济增长方式由出口导向型转为内需拉动型，通过压低工人工资来补贴可贸易部门的做法就不再可取了，这一点已经清楚反映在我国持续下降的劳动收入占比上了。

基于前面的推论，一国经常账户的盈余对于产业结构调整具有重要影响，该影响甚至可能使其产生方向性的改变。但在前文的静态模型中，并没有着重讨论哪些因素可决定一国长期的经常账户头寸。因此，在第 4 章中，作者联系文献中提出的"配置之谜"，试图探寻决定当前全球失衡格局的基本面因素。目前，对于经常账户失衡的研究已有很多，且聚焦点集中在金融市场、汇率扭曲和国际分工等方面（Caballero et al.，2008；Mendoza，1992）。这些因素都能在一定程度上解释当前以中国、美国经常账户"镜像"（mirror image）为代表的全球失衡格局（卢锋，2008）。但如果我们将视野延伸至英国、美国等国家的工业化早期，会发现除去战争时期，在 18 世纪、19 世纪的大部分时间内，英国和美国都保持着经常账户盈余。在当时，英国和美国的金融市场不能说不发达，汇率安排也并非无懈可击，但这两国也保持了近百年的经常账户盈余。这也启发我们，必须挖掘出一些更深层次的变量来解释经常账户失衡。

我们发现当放弃传统理论中的永久家户（long-lived

agent）框架，而转向世代交叠模型时，即出现所谓的"异象"（abnormal）——经济增长更快的国家往往有更高的经常账户/GDP 头寸并非异常情况，而是模型下的一个自然推论。但在实证上需注意的是，这里的"增长更快"一定是一个相对的概念，即相较于一国面临的贸易伙伴而言。这也很好理解——因为一国的经常账户失衡一定是与贸易伙伴国发生经贸往来后的净结果。一个很好的例证就是英国、美国、德国、法国间的经常账户的对比。虽然美国相较于英国、德国、法国有更高的经济增长率，但美国的贸易伙伴国经济增速却明显高于其他三国贸易伙伴所面对的经济增速。换句话说，尽管美国自身经济增速在发达国家中并不低，但它面临的是一群增长势头更为强劲的贸易伙伴国。从这个意义上说，区分一国贸易伙伴构成，对于理解当今全球失衡具有重要意义。从技术细节上来说，回归中使精确度更高的方式应该是以"国家对"作为回归单位——对应于相对增速大小的概念，而不是以往文献中常用的"单个国家"。总之，我们应该时刻谨记，经常账户净头寸一定是相互贸易往来产生的净效果，而非单个国家之独力所形成的。

除了从汇率制度、经常账户等角度来理解结构转型，另一个重要的视角就是人口年龄结构。以往讨论人口结构对产业结构影响的主流理论解释可大致分为两类：一是从需求面出发，强调产品间的收入弹性差异（Echevarria，1997；Kongsamut et al.，2001）；二是从供给面入手，强调部门间的生产率进步

或资本密集度差异（Baumol，1967；Ngai and Pissarides，2008；Acemoglu and Guerrieri，2008）。尽管产业结构的相关讨论已有很多，但是很少有文献关注劳动力的年龄结构这一变量。

实际上，劳动力的年龄结构可以从两方面影响产业结构：一方面，不同年龄段的人口对不同类型的消费品的偏好存在显著差异（Aguiar and Hurst，2013；Mao and Xu，2014），因此，年龄结构变化带来的需求面冲击可以影响劳动力在部门间的分配；另一方面，正如一些学者所指出的，不同部门的劳动力年龄构成是不同的，这是因为各部门对于青年/老年劳动力的依赖程度不一样（Mao and Xu，2015）。当老龄化导致两类劳动力的相对价格发生变化时，企业会调整自身的劳动力需求构成。整体而言，老龄化对于产业结构的净效果的作用是不确定的，这取决于两种效应的相对大小，因此有必要结合年龄结构，从供给、需求两方面共同考察对产业结构的影响。

这一研究对当前正面临老龄化挑战的中国来说也极具启示意义。正如姚洋和余淼杰（2009）指出的那样，中国过去几十年间的出口导向型增长模式是由我国人口特征和低城市化率所决定的，是必然选择。低人口抚养比带来的"人口红利"（蔡昉，2004，2010）和低城市化率提供了大量的劳动供给，同时保证了工资的缓慢上涨。这些因素促使资本迅速积累，以及可贸易部门增长。同时，这两种因素也注定了我国国内市场较小，因此出口也就成为市场出清的唯一途径。这些结论与前面谈到的对实际汇率的低估与出口导向型增长联系起来,可以更加丰富我们对于中国过去几十年间增长模式的理解:(1)持续的技术进步是增长的起点,同时也使我国面临实际汇率升值压力。但由于实行了固定汇率制度,这种由巴萨效应导致的实际汇率升值就被抑制了,等价于低估了实际汇率。(2)这一实际低估的后果是两方面的,一是实际工资上涨幅度被抑制,二是可贸易部门得以扩张。并且,正如我们将在第 3 章第 2 节看到的那样,给定同等程度的生产率进步,低人口抚养比和低城市化率还会拉大这种对实际汇率低估的幅度。正是大量农村人口的存在,使得工资上涨承压、通货膨胀水平较低,并且保证了这种“以抑制劳动力工资上涨为代价,补贴可贸易部门扩张”的发展方式得以长期维系。(3)较低的劳动收入份额,以及低抚养比、低城市化率,共同决定了我国国内市场较为狭小,因此,出口部门的迅猛发展也可视为市场出清的必然结果。(4)一个强劲的出口部门还能提高出口导向型增长模式的内生韧性,使整个出口导向型增长模式不断自我强化。

这一模式未来可否持续?一个无法回避的现实是中国的人口红利正不断消失,老龄化成为大趋势(蔡昉,2010),而我们的研究发现,老龄化的后果就是可贸易部门(尤其是工业)相对萎缩。考虑到可贸易部门往往技术进步更快,可以预计,未来经济增速放缓是必然趋势。同时,随着城市化进程的加速,我国城镇化率已经从 1980 年时的不足 20% 提升至现在的

50％以上，增长速度已经放缓了。这些因素都意味着维持过去低工资增长的人口结构正逐渐改变。那么未来应该如何应对？随着发展阶段的变化，我国应在汇率制度安排、产业结构方面如何调整，都是本书关注的问题。

1.2 创新与意义

在第 3 章中，不同于以往讨论汇率制度对结构转型影响的研究，我们不是简单地把汇率制度当作一个单独的外生解释变量，而是综合考虑汇率制度与一国经济基本面因素的交互作用。具体而言，我们的出发点是当一国的可贸易部门表现为相对更快的生产率进步时，固定汇率制度会抑制巴萨效应。基于这一基本结论，我们进一步推演出固定汇率制度对实际工资、部门劳动力配置，以及经济增长的影响。同时，我们还发现，一些其他基本面因素，包括外部收支头寸、出口部门占可贸易部门比例和发展阶段，都会与汇率制度的选择发生交互影响效果。在实证方面，我们用五种主流的汇率制度分类法，将模型的部分推论一一进行了检验。我们发现当存在价格黏性时，固定汇率制度会抑制由巴萨效应导致的实际汇率升值，同时压低工资增速。而对于那些盈余国家，固定汇率制度还可能起到扩大可贸易部门份额，进而最终带动经济增长的作用。

正如前面所强调的，一国经常账户头寸会显著影响汇率制度对一国结构转型的作用方向，但文献中对于当前全球经常账户失衡尚无一个能令学界普遍接受的解释。"配置之谜"是指发展中国家当中，国家有越高的增长率越倾向于输出资本，而不是像经典理论所预测的那般吸收资本，而这更可以被看作对经常账户失衡研究提出的挑战（Gourinchas and Jeanne，2005）。这是因为从国际收支恒等式来看，资本项目逆差必然对应着经常项目顺差，这也是当今以中国为代表的发展中国家所表现出的情况。为了解释这一"异象"，我们摒弃了传统的永久家户框架，转而应用世代交叠模型。在两期世代交叠模型的转移路径上，封闭条件下增长率越高的国家拥有越高的过剩资本供给，因而，增长率越高的国家，其本国利率水平越低。这样，在开放条件下，资本将从增长更快的国家流出。但这一关系会受到金融发展程度和贸易伙伴国增长率的影响，这也解释了为什么在发达国家当中不存在"配置之谜"。除了采用全新的理论模型框架来解释经常账户失衡问题外，在实证方面，我们也进行了创新：由于经常账户失衡一定是国与国之间相互贸易往来的净效果，因此不同于现有文献中提到的做法，我们不再将单个国家作为分析单位，而是以"国家对"的形式进行回归。此外，我们还发现，各国贸易伙伴国构成对其经常账户头寸有显著影响。一旦在回归中控制了这一变量，以往文献中回答不了的"配置之谜"将得到很好的解答。这一点，对于当前全球经常账户失衡格局具有重要启示：尽管美国经济增长率高于其他大多数发达国家，但是，在美国的主要贸易伙伴国当中存在一些具有更高增速的国家，同这些国家相比，美国表现为经常账户赤字就是正常的事情。

此外，我们还从人口结构这一角度，分析了其对结构转型的影响。尽管关于这一话题已有许多相关研究，但这些文章大多侧重于供给或是需求的单一方面，未能建立起一般均衡的统一框架。此外，由于存在数据限制，大部分的相关实证研究只停留在对宏观数据进行分析的层面，未能深入发掘细致的年龄结构或是性别对产业结构变迁的影响。即便是有微观数据，要么年限较短，难以形成长期的结构转型轨迹，要么局限于单个国家，无法完成跨国面板数据回归。而本书第 5 章所使用的数据来自帕尔格雷夫世界历史统计（International Historical Statistics，IHS），其中包括性别、年龄段的人口统计项目，起始时间为 1846 年。可以说，这是度量年龄结构最理想的数据来源。

最后，我们还将结构转型与经济增长联系起来。基于长期跨国数据，我们将国家分为先发国家和后发追赶国家，而后者又可进一步分为成功的后发追赶经济体、次一级后发追赶经济体和艰难的后发追赶经济体。除此之外，在产业划分中，我们又进一步将服务业分为生产性服务业和非生产性服务业。做出这一区分是重要的，因为非生产性服务业恰恰是技术进步最慢的行业，且对工业部门的支持作用远不及生产性服务业。通过比较不同国家组别在结构转型历程上的差异，我们发现赶超失败的经济体多在工业化没有充分发展的情况下就进行了结构演进的阶段转换，其结果是大量的农业转移人口进入低端服务业就业。后发追赶经济体过早进入以服务业为主导的经济结构将导致技术进步和生产率提升速度放缓。此外，使劳动力由服务业向工业转移的"再工业化"结构调整难度很大，且以低端服务业为主导的就业结构存在很强的自我锁定效应，会进一步导致结构演进和经济增长的长期停滞，这些结论也与第 3 章所强调的可贸易部门扩张带动经济增长的推论相呼应。

1.3　全书章节安排

接下来，在第 2 章中，我们将简要回顾汇率制度、人口结构对结构转型、经济增长影响的相关文献，以及基于"配置之谜"和后续文献进展。在第 3 章的第 2 节中，我们首先用一个两部门的小国开放模型来解释为什么固定汇率制度会抑制巴萨效应发挥作用，以及由此产生的对实际工资和实际人均 GDP 的影响。第 3 节介绍有关数据和对固定汇率制度定义的方法。第 4 节报告实证结果，并将这些结果套用于中国历史数据，进行数值模拟，结果展示在第 5 节中。这些数值模拟对于理解中国在过去因实施出口导向政策的得失具有重要意义。第 6 节对全章进行总结，并给出相应政策建议。

第 3 章给我们的一个重要启示就是一国的经常账户头寸将显著影响汇率制度对一国结构转型的作用方向，基于此，结合"配置之谜"，我们在第 4 章中试图探寻决定一国的长期经常账户头寸的基本面因素。在第 4 章第 2 节中，我们摒弃了传统的永久家户框架，而转向应用世代交叠模型，将从理论上证明，长期增速越高的国家越倾向于有经常账户盈余。如此一来，原本可有"正常"解释的发达国家经常账户盈余现象反倒需要额外的解释了。对此，我们将针对发达国家专辟一节（第 4 章第 3 节），讨论金融摩擦和贸易伙伴国增速对一国经常账户头寸的重要作用。基于理论模型，我们将在第 4 节给出实证结果，在第 5 节进行章节小结，并给出对于当前全球经常账户失衡格局的一种新的理解。

第 5 章是从人口角度，探讨老龄化对于结构转型的影响。第 2 节将结合供给、需求两方面因素，给出包含青年/老年两类异质性消费者和异质性劳动力的世代交叠模型，并将人口结构对产业结构转型的影响分解为规模效应和构成效应两大类。第 3 节给出实证结果，第 4 节总结全章，并对未来中国老龄化趋势给出政策建议。

第 6 章试图从跨国比较的视角探讨结构转型与经济增长的关系。第 3 章理论模型部分的一个推论就是由于工业部门生产率进步速度高于服务业部门，因此，工业部门的扩张能够带动整体经济增速的提升，这也是第 3 章章节标题中强调的"出口导向型增长"的含义所在。针对这一想法，在第 6 章第 2 节中，我们将国家分为先发国家、成功的后发追赶经济体、次一级后发追赶经济体和艰难的后发追赶经济体，通过组间比较，得出结构转型路径选择对经济赶超成败的影响，并将经验、启示总结在第 3 节中予以说明。在第 4 节中，我们利用中国的微观家户数据（中国家庭追踪调查数据，CFPS），考察当前中国在结构转型方面面临的挑战，并给出政策建议。

最后，在第 7 章中，结合前文所述，我们将从汇率制度、经济增速、人口结构等多方面共同探讨开放经济下的结构转型与经济增长，并对全书进行总结。

第 2 章　文献回顾与述评

2.1　汇率制度与结构转型、经济增长

　　将汇率制度与实际变量联系起来的主要纽带就是实际汇率，而对实际汇率变动进行分析的框架大多是依据巴萨效应建立的。实证中一个普遍的发现就是巴萨效应在发展中国家的解释力弱于发达国家：巴萨效应能够较好地解释日本等发达国家的实际汇率走势，但在一些经济发展水平较低的国家中，有时却会出现经济赶超与实际汇率贬值并存的现象（Ito et al.，1999；Wagner，2005；Gente，2006）。如何解释这一现象呢？相关学者从剩余劳动力、隐形失业的角度出发，认为发展中国家较多的农村人口存量可能通过进入工资增长较快的部门，抑

制国内通货膨胀，进而降低实际汇率升值压力（Ito et al.，1999；关志雄，2005；王泽填和姚洋，2009）。

　　这些研究可以在一定程度上解释为什么发展中国家的实际汇率升值幅度较低，但却无法回答另一个问题，即为何发展中国家同时表现出对固定汇率制度的偏好。而传统理论告诉我们，在不存在摩擦的情况下，名义量的变动不会对实际量造成影响，因此，汇率制度的选择应该只影响名义汇率，而不会对实际量（实际汇率、实际产出等）产生影响（Rose，2010）。相应地，实证上也确实有研究发现，对汇率制度的选择并不影响实际汇率（Chinn and Wei，2013）。当市场环境并不完美，存在价格黏性时，固定汇率制度可能会起到稳定国内价格，进而促进经济增长的作用。但必须指出，这一好处的另一面则是当一国面临不利冲击时，固定汇率也会因此遭受比浮动汇率更大的打击（Levy-Yeyati and Sturzenegger，2003）。如此一来，实证上就会常常发现汇率制度与经济增长间的效果并不稳健（Rose，2010）；有学者甚至发现按照一国汇率实际波动情况定义的固定汇率制度其实是不利于发展中国家经济增长的（Levy-Yeyati and Sturzenegger，2003）。

　　可以看出，现有文献大多发现固定汇率制度对于实际量，如实际汇率、经济增长并无确定影响，甚至不利于发展中国家经济增长，但现实究竟如何呢？当我们回顾早期德国、日本、"亚洲四小龙"，以及更为近期的东欧等国的发展历程，不难发现这些国家在其工业赶超阶段都采取了出口导向型增长模式，并试图通过实行固定汇率制度达到更快的经济增速。如何解释这种存在于学术研究与现实观察间的差异呢？我们认为可能的原因主要有两点：一是现有文献大多将固定汇率制度作为外生的解释变量，由此得到的估计结果则仅仅是固定汇率制度的一个平均效果；二是没有考虑汇率制度与一国经济基本面因素之间的交互作用，而这些基本面因素恰恰是可能导致一国汇率制度选择的最终成败的因素。

2.2 经常账户失衡与"配置之谜"

根据新古典经济学的分析，由于发展中国家人均资本水平更低，资金应该从发达国家流向发展中国家以追求更高的资本边际回报，但事实并非如此，经常项目盈余国的加权人均GDP 有明显的下降趋势，而同时与之对应的赤字国人均收入水平有上升趋势（Gourinchas and Jeanne，2005）。这种有悖于新古典理论的现象——资本由发展中国家向发达国家输出的现象也就是我们熟知的"卢卡斯之谜"（Lucas，1990）。关于"卢卡斯之谜"有许多解释，诸如发展中国家不完善的制度体系及政府违约风险都会推高这些国家资产的风险溢价，从而降低实际资本的边际回报。

但在制度和政府治理能力方面相似的发展中国家内部，资金的流向是否符合传统理论的预测呢？相关学者认为在发展中国家内部，理论上资金应该流向增长率更高的国家以追求良好的投资机会，但这一点也没有得到数据支持，他们发现在发展中国家内部资金更多地流向了增速较低的国家，对应着低增速国家的经常账户赤字。面对理论预测与数据的差异，学者们将这一现象称为"配置之谜"（Gourinchas and Jeanne，2005）。至于产生"配置之谜"的原因，他们没有给出严谨的解释，而是从国内储蓄行为、金融摩擦，以及可贸易部门和不可贸易部门间的生产率差异等角度提出了一些猜测性的想法。但事实上，与传统理论预测相悖的实证结果并不只出现在发展中国家，英国、美国在经济起飞的很长一段时间内都出现了经常账户余额与经济增长率呈正相关的现象。除去第一次世界大战期间，在1850—1930年的大部分时间内英国都保持着经常账户盈余。而尽管美国的这一比例要小一些，但其在1920—1980年的绝大部分时间内也都处于经常账户盈余状态。

有学者针对这一现象给出了他们的解释，他们认为资本流入和增长率之间的负相关是由这些国家投资机会的匮乏和汇率机制错配导致的（Prasad et al.，2007）。首先，发展中国家之所以人均收入水平较低，很大程度上正是因为它们生产率低，同时国内存在大量扭曲，在不改变这些制度性因素的前提下，国内的投资机会并不会仅仅因为国外资本的流入而迅速增加。

从这个意义上说，国外资本和本国资本在供给层面并无本质差异，对增长率的影响也有限；其次，外资流入还可能引起本币升值，进而导致经济增速下降。但关于这两种解释，作者也只给出了可能的猜测，并未进行严格的理论证明。

在经常账户与经济增长关系的经验研究上，目前比较一致的看法是，对于发展中国家，经济增长往往会产生经常账户上盈余的积累（或赤字减少）；但在发达国家，以上则呈现相反的关系。以往对于经常账户和经济增长之间关系的研究多是从资本流向的角度考虑的，认为增速更快的国家应该有更高的资本边际回报，从而吸引更多的资本流入产生经常账户赤字。这一观点不仅缺乏严格的理论模型证实也得不到实证支持。在现有的有关理论推导中，在《国际宏观经济学基础》一书中，作者基于无穷期限代表交互模型得出经常账户余额是经济增长减函数的结论。其背后的理念仍是生产率提升带来的长期经济增长会减少储蓄、刺激投资，而储蓄对生产率的反向变动在实证上也存在争议。

有关发达国家内部的经常账户失衡，具有代表性的研究包括：Blanchard，Giavazzi and Sa，2005；Obstfeld and Rogoff，2005。前者将世界利率视为外生给定，从各国资产组合决策的角度进行分析；后者的主要解释变量则是各国贸易部门和非贸易部门的相对发展程度。尽管视角有所不同，但它们的相同点在于将汇率视为一种自动平衡机制，并预测从长期来看美元会经历贬值从而缓解美国外部失衡情况。但当今世界长时间且愈演愈烈的全球失衡现象，显然是对这套"自动调节"机制理论的驳斥。

而有关发达国家-发展中国家之间经常账户失衡的讨论，则多从金融发展角度来解释，如：Caballero et al.，2008；Mendoza，1992；祝丹涛，2008。这些文章的逻辑大都是，发展中国家金融市场发展滞后、产权保护不力，导致投资机会匮乏、融资渠道不畅，进而推高资产风险溢价，并最终表现为投资不足。正因如此，发展中国家必须借用发达国家更具深度、广度的金融市场以完成资产组合配置，于是资金由发展中国家流向发达国家，若反映在经常账户上，即表现为发展中国家盈余增加，而发达国家赤字扩大。不可否认，金融对于经常账户失衡现象具有显著影响，但仅从这一角度出发却难以解释英国、美国等主要发达国家在发展早期出现的长期经常账户盈余现象。在当时的大背景下，英国、美国的金融市场仍具有绝对优势，这就表明相对更发达的金融体系并不必然会产生经常账户赤字。

通过回顾这些文献，可以看出，"配置之谜"的本质是传统理论难以解释发展中国家的实证结果。而传统理论依赖的一个重要假设是永久家户，在此设定下，一国更高的增长率将增加本国 GDP 占世界总产出的份额，而当家户预期到这一变化时，它们就会在当期增加借贷（Engela and Rogersb，2006），因此，增长率和净储蓄（经常账户余额）之间应当呈负相关关系。但迄今为止，相关文献仍仅停留在永久家户模型下，人们试图通过找到一些重要解释变量（如制度、汇率、金融发展差异等）来破解这一"谜"题，但这些答案都只能解释部分时间内观察到的经常账户失衡现象，难以对长期经常账户全球失衡格局给出一个恰当的回答。

2.3　老龄化与结构转型

人口年龄结构与居民消费行为的基本框架是生命周期和持久收入假说，但在实证中，这两个假说并不总能得到数据的支持。理论模型告诉我们，相对青年人，老年人的财富应该是少的，但这一推论遭到了实证研究的反驳（Mirer，1979；Menchik and David，1983），可能的解释包括遗赠（bequest）和审慎（caution）。相关研究之所以难以得到一致的结论，很大程度上是因为数据没有在产品、年龄结构上进行细分，而仅简单采用了消费对抚养比进行回归的做法。这种做法的弊端在于忽略了青年人、老年人不同消费群体的异质性消费行为。

不仅如此，人口结构与消费的经验研究大多停留在总消费水平这一层面，没有深入到消费结构。但事实上，不同年龄段人群的消费结构具有明显差异性。例如，有学者利用英国家庭支出调查（FES）数据，分析了年龄结构对消费结构的影响

（Foot and Gomez，2006）。基于各年龄段居民消费水平相对固定这一假设，结合英国国家统计办公室（ONS）的人口预测数据，他们发现随着人口老龄化进程的推进，截至 2006 年英国的消费结构中医疗、食品、住房和生活能源、烟酒及家庭产品和服务的消费比例不断上升，而教育、交通通信、服装和餐饮的消费增速逐渐走低。

人口结构对消费造成的影响最终将反映在产业结构，也就是劳动力的部门分配问题上。对此，相关的主流理论解释又可大致分为两类：一是从需求面出发，强调产品间的收入弹性差异（Echevarria，1997；Kongsamut et al.，2001）；二是从供给面入手，强调部门间的生产率进步或是资本密集度差异（Baumol，1967；Ngai and Pissarides，2008；Acemoglu and Guerrieri，2008）。除此之外，后续还出现了一些文献，尝试着从国际贸易的角度对产业结构进行讨论（Mao and Yao，2012；Uy et al.，2013）。

可以看到，现有文献大多只关注需求、供给两方面因素的其中之一，尚未有模型能够很好地给出年龄结构对于结构转型的一般均衡模型。而在实证方面，由于跨国可得数据大多只停留在宏观层面，相应地使用的年龄结构变量也多为"抚养比"，很难获得长期的、可比的、细致的年龄结构和产业结构数据。但事实上，劳动力的年龄结构将从两方面影响产业结构：其一，不同年龄段的人口对于不同类型的消费品偏好存在显著差异（Aguiar and Hurst，2013；Mao and Xu，2015），因此，年龄结构变化带来的需求面冲击可以影响劳动力在部门间的分配；其二，不同部门的劳动力年龄构成是不同的，这是因为各部门对于青年/老年劳动力的依赖程度不一样（Mao and Xu，2015）。当人口老龄化趋势导致两类劳动力的相对价格发生变化时，企业会自动调整自身的劳动力需求构成。整体而言，人口老龄化对于产业结构的净效果是不确定的，其应取决于两种效应的相对大小。

2.4　结构转型与经济增长

有关结构转型与经济增长间的相关关系研究，大体可以分为两类：一是经济增长带动结构转型，二是结构转型促进经济增长。前者的代表有：Kuznets，1958；Chenery，1960。这些早期的文章偏重于进行事实性的概括，相关结构转型特征也被总结为库兹涅茨事实。在此之后，有学者开拓性地提出了两部门的分析框架：在其模型中，一个被称为"进步（progressive）部门"，对应于工业部门，使用资本和先进技术进行生产；另一个则被称为"停滞（stagnant）部门"，可近似认作服务业部门，劳动力是其唯一要素投入（Baumol，1967；Baumol，1985）。可以证明，如果停滞部门产品的需求收入弹性较高，则劳动力会流向该部门；反之，如果停滞部门面临较低的需求收入弹性，那么劳动力则向反方向流动。尽管这一模型并不能给出卡尔多事实[①]和结构转型的统一分析框架，但却给后续研究以启示——可以沿着收入弹性和替代弹性这两个方向进行拓展。

相应地，沿着收入弹性思路展开的文章实质上是希望从需求面着手，通过对消费者的偏好结构（Echevarria，1997；Matsuyama，2002）或效用函数（Kongsamut et al.，2001）进行假设，试图得到符合卡尔多事实的结构转型规律。而沿着替代弹性想法拓展的研究实际上是侧重于供给面的。假设工业品与农产品替代弹性较低，同时工业部门生产率进步速度更快，可以得到劳动力从工业部门流向服务业部门的结论（Ngait and Pissarides，2008；Acemoglu and Guerrieri，2008）。

上述这些研究均是从经济增长带动结构转型的方向思考的，但实际上，越来越多的文献发现结构转型本身也会影响经济增长，其本质主要还是因为工业部门具有更快的技术进步率。例如，刘伟（1995）通过对比发达国家早期和发展中国家的经济发展轨迹发现，对于那些尚未完成工业化的发展中国家来说，工业/制造业仍是经济增长的主要驱动力，这表现在技术进步、资本效率及劳动生产率提升诸多方面。此外，刘伟和李绍荣（2002）针对中国数据，指出第三产业的结构扩张会削

---

① 卡尔多事实是指一国经济增速、利率、资本-产出比和劳动份额具有长期稳定性。

弱第一、第二产业对经济规模的正效应，而只有通过提高第一、第二产业的效率才能实现经济的长期稳定增长。孙皓和石柱鲜（2011）通过格兰杰检验方法，也发现产业结构调整对经济增长具有显著的单向格兰杰影响。

第3章 固定汇率制度下的实际汇率低估与出口导向型增长

3.1 引言

正如文献回顾部分所言，现有文献大多将固定汇率制度当作外生的解释变量，而由此得到的估计结果仅仅是固定汇率制度的一个平均效果，这种做法忽略了造成固定、浮动汇率差异背后的真正基本面因素。为了弥补这一缺陷，在本书中，我们重点考察的基本面因素是可贸易部门相对于不可贸易部门有更高的劳动生产率。此时，巴萨效应告诉我们，该国的货币会出现实际汇率升值。当国内市场不存在任何摩擦时，无论是浮动汇率制度还是固定汇率制度，都不会影响这一效果。但是，如果国内价格不能及时调整以完全吸收生产率冲击，尤其是在升值压力面前，央行很可能有动机通过稳定国内物价以维持固定汇率制度。此时，固定汇率制度与浮动汇率制度之间就可能发生差异。

本书采用的是一个简单的带价格黏性（更确切地说，是工资黏性）的两部门模型，其中可贸易部门存在技术壁垒，而不可贸易部门的市场格局为完全竞争。这一假设使得当价格调整不完全时，可贸易部门有可能积累一定的正利润。同时，价格黏性的存在也使得固定汇率制度下的巴萨效应受到抑制，具体机制如下：考虑到当可贸易部门发生正向的劳动生产率冲击时，此时巴萨效应会使实际汇率面临升值压力。从 $\mathrm{dln}RER = \mathrm{dln}NER + \mathrm{d}\pi$ 的定义式可知，这一升值压力只有两种释放途径：一是名义汇率升值；二是国内名义价格上升，即通货膨胀。但在固定汇率制度下，前一渠道已经被阻断了，因此实际汇率升值只能全部经由价格调整途径实现，而这一渠道又因价格黏性的存在而受阻，最终，固定汇率制度下的实际升值幅度（不可贸易品的真实价格）一定小于浮动汇率制度下的实际升值幅度。由此造成的一个结果是固定汇率制度下的实际工资涨幅也较低，但可贸易部门却能因此获得更多的正利润。总的来说，固定汇率制度下面临的权衡是国内工人的工资损失与可贸易部门间更快的利润积累。为了保证更快的经济增长，实际汇率低估了将更多劳动力吸引到可贸易部门中去的需要。

实证检验方面，本书采用的数据主要来自世界银行的数据库。具体而言，我们希望验证以下四组假说：（1）当存在价格黏性时，给定同等程度的劳动生产率进步，固定汇率制度下的实际升值将低于浮动汇率制度下的实际升值，并且这一差距会随着价格黏性程度的提升而扩大；（2）固定汇率制度还会显著抑制工资的上涨幅度，但能促进可贸易部门就业，并带动经济增长；（3）外部收支头寸、出口部门在可贸易部门占比这两个因素与固定汇率制度在抑制巴萨效应上的交互作用；（4）固定汇率制度在发达国家和发展中国家的不同效果。

众所周知，对固定汇率制度的不同定义可能导致截然不同的实证结果（Rose，2011），因此，我们同时考察了 5 种主流的固定汇率制度定义法，它们的划分标准各自的参照分别是：（1）国际货币基金组织（International Monetary Fund，IMF）；（2）Reinhart and Rogoff，2004（RR）；（3）Ilzetzki，Reinhart and Rogoff，2008（IRR）；（4）Levy-Yeyati and Sturzenegger，2003（LS）；（5）Shambaugh，2004（JS[①]）。其中，只有 IMF 分类法是基于名义（de jure）分类法划分的，其余四种均是根据事实（de facto）分类法划分的，而其中又以 RR 分类法和 IRR 分类法使用最广。

本书的一大贡献就是将经济基本面因素引入了有关固定汇率制度的经济效应研究中，这一想法也与一篇关于实际汇率操

---

① 为了不引起歧义，我们均使用两个字母作为分类法简称。这里字母 J 源于 Shambaugh 的名言。

纵的评论想法不谋而合："稳定且有竞争力的实际汇率……能够充分调动一国增长和发展的潜力——表现为更灵活的劳动力市场、更高的储蓄率，或是吸引更多的外国投资。"（Eichengreen，2007）若是离开了这些基本面因素的支持，仅仅针对实际汇率本身的政策则是无源之水。

本书考虑的基本面因素主要是可贸易部门相对于不可贸易部门有更高的劳动生产率。罗德里克讨论的是另外一种基本面因素，即可贸易部门面临更多的政策扭曲（Rodrik，2008）。在他的模型中，实际汇率操纵可以在某种程度上克服这些扭曲，达到次优的效果。与之不同的是，本书中所指的本币实际低估之所以有利，是因为可贸易部门有更快的生产率进步，而非罗德里克强调的可贸易部门面临的消极面。此外，我们并不是简单考察固定汇率制度本身作为一种政策工具的作用，而是探讨固定汇率制度与其他基本面因素的交互作用。

无论是在理论部分，还是在实证部分，我们都反复强调固定汇率制度和出口导向型增长模式与经济发展阶段的交互作用。尤为重要的是，固定汇率制度能够扩大可贸易部门的份额，并带动经济增长，其必要条件就是该国具有净贸易盈余。此外，出口部门在可贸易部门中更高的比例也会强化固定汇率制度的积极效果。之所以需要这些基本面因素作为支撑，是因为固定汇率制度下导致的实际汇率低估一定是有利于那些净出口国（净贸易盈余国）的，同时对那些出口部门更强的国家更有益。由此得出的一个推论是，当一国可贸易部门相对于不可贸易部门有较快的生产率进步时，固定汇率制度可能是更佳的选择。与之相应的，当一国正在经历工业化进程时，出口导向型增长模式可能是更合适的。这也就解释了为什么我们在现实中看到大多数采取出口导向型增长模式的国家和地区在其工业快速赶超阶段都偏好于采取固定汇率制度（例如：20 世纪 50—60 年代的日本和联邦德国，1997 年之前的韩国和中国台湾地区等），但在工业化完成后又倾向于放弃固定汇率制度。

接下来，在本章第 2 节中，我们将用一个两部门的小国开放模型来解释为什么固定汇率制度可以抑制巴萨效应发挥作用，以及由此产生的对实际工资和实际人均 GDP 的影响。第 3 节介绍数据和固定汇率制度的定义方法。第 4 节报告实证研究结果，并将这些结果用于中国历史数据上进行数值模拟，而其结果在第 5 节中汇报。这些数值模拟对于理解中国在过去因坚持出口导向政策而取得的成就具有重要意义。最后，第 6 节总结本章并给出本章的政策建议。

图 3-1 分别给出了从 1970—2007 年实行固定汇率制度和浮动汇率制度国家的平均劳动收入份额变化。可以看到，实行固定汇率制度的国家不但平均劳动份额低于实行浮动汇率制度的国家，并且随着时间的推移，实行固定汇率制度下劳动收入份额的下降更为剧烈，表明这些国家劳动者收入状况在迅速恶化。

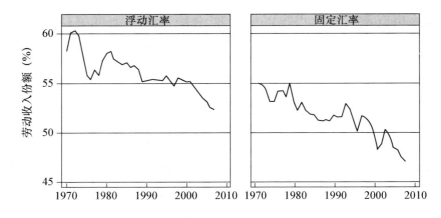

图 3-1 固定、浮动汇率制度下劳动收入份额对比

注：劳动收入份额数据来自宾夕法尼亚大学世界表，汇率制度划分基于 IMF 分类法。

考虑到可贸易部门的技术外溢性，在工业发展早期，通过压低工人工资以补贴工业部门的做法也是无可厚非的，尤其是当我们以长远的历史眼光来进行政策评估时。但当工业部门已经发展到一定程度，收入差距问题已不容忽视时，固定汇率制度带来的弊端就可能日益凸显，同时工业部门获益会面临边际递减。这也意味着，固定汇率制度导致的利弊关系并不是一成不变的，而是随着发展阶段而不断动态变化的。

3.2 两部门模型

3.2.1 名义工资黏性与实际工资

考虑经济中有两个部门：可贸易部门（T）和不可贸易部

门（S）。两部门都生产同质产品并且生产函数均是一次齐次的。唯一的要素投入就是劳动力。因此，一个具有代表性的企业的生产函数就表示为：

$$y_i = A_i L_i, \ i = T, S \tag{3.1}$$

式中，y_i 为产出，L_i 为用到的工人，A_i 为 i 部门的劳动生产率（$i = T, S$）。

尽管不可贸易部门的技术是对任何企业都可得的，但可贸易部门的技术却存在一定的进入壁垒[①]。可贸易产品的价格由国际市场决定，不妨将其单位记为 1。本币的名义汇率记为 e。我们采用间接标价法，因此 e 值上升意味着本币升值。可贸易品的国内价格记为 $1/e$。当企业进行生产决策时，可贸易产品的价格对其来说可视为外生给定的。

不可贸易部门可自由进入，市场格局为完全竞争。将初始时不可贸易品的价格记为 P^0，并将名义工资记为 W^0。由自由进入条件，我们知道最终每家企业都会获得零利润，也就是：

$$W^0 = P^0 A_S \tag{3.2}$$

劳动力可在两部门间自由流动，因此式（3.2）决定的工资也适用于可贸易部门。

现在考虑可贸易部门面临一次劳动生产率冲击。为了表述简洁，以 A_T 记录冲击过后可贸易部门达到的劳动生产率，P

[①] 对应于现实情况，可贸易产品的生产通常要求企业具备现代技术。相比之下，不可贸易部门对于技术的要求则低得多。

记为不可贸易部门实现的名义工资。A_T 越高，进入可贸易部门的企业也就越多，直至最终可贸易部门也变为零利润。因此，最终该部门工资为：

$$W = \frac{1}{e}A_T = PA_S \tag{3.3}$$

这也就对应上了巴萨效应，即：

$$p = eP = A_{TS}$$

式中，$p = eP$ 为不可贸易产品相对于可贸易产品的相对价格，或称作内部 RER；$A_{TS} = A_T/A_S$ 为可贸易部门相对于不可贸易部门的劳动生产率。

然而由于可贸易部门存在技术壁垒，因此这个调整过程不会是完全的，致使名义工资的调整也是不完全的。我们假定最后的名义工资会是初始工资 W^0 和完全调整情况下工资 W^1 的加权平均，其中 $W^1 = \frac{1}{e}A_T$。

具体形式如下：

$$W = \delta W^0 + (1-\delta)W^1, \ 0 \leqslant \delta \leqslant 1 \tag{3.4}$$

在此设定中，δ 是名义工资黏性的度量。δ 值越大，意味着工资调整越慢。式（3.2）中不可贸易部门的零利润条件此时依旧成立[1]。将 W^0 和 W^1 的定义式代入，可得：

---

[1] 可贸易部门之所以会有正利润，是因为它们所需支付的名义工资低于工人实际生产出来的产品名义价值，这是由生产可贸易品有技术壁垒导致的。

$$\delta(P^0 A_S) + (1-\delta)\frac{1}{e}A_T = PA_S \qquad (3.5)$$

整理后，我们可以得到名义工资黏性下巴萨效应的表达式：

$$p = \delta\left(\frac{e}{e^0}p^0\right) + (1-\delta)A_{TS} \qquad (3.6)$$

可以看出，内部实际汇率是相对生产率和初始内部实际汇率（经名义升值调整后）的加权平均，权重分别是工资调整概率和工资不调整概率。需要指出的是这里 p 一定不会超过 A_{TS}，否则所有企业都会亏损。名义工资黏性抑制了实际汇率的调整。当工资黏性较小，也就是 δ 值较小时，RER 越接近于 A_{TS}。但当工资黏性越大时，RER 则更接近 $(e/e^0)p^0$ 或 eP^0。

式（3.6）建立了内部实际汇率 RER 和名义汇率 NER 及实际变量 A_{TS} 间的关系。这一等式也让我们能够比较固定汇率制度和浮动汇率制度间的本质差异。由于名义汇率的水平值很难被决定，因此，我们并不能事先确定地知道内部实际汇率究竟会在哪种汇率制度下更高，这也是我们要重点关注两种不同汇率制度下的巴萨效应（RER 如何对 A_{TS} 变化进行反应）。

3.2.2 国内消费与劳动力配置

由于两部门的生产函数都是线性的，因此，劳动力的分配只能由消费需求面决定。我们假定代表性消费者的效用函数是柯布-道格拉斯形式，其中在可贸易部门和不可贸易部门的支出份额分别是 α 和 $1-\alpha$。不可贸易产品完全由本国消费，但可贸易产品除国内消费外，还可用于出口，将这部分出口记为 x。由消费者效用最大化可得：

$$\frac{L_T - L_X}{\omega L_S} = \beta \qquad (3.7)$$

式中，$\omega = p/A_{TS} = w/A_T$ 为可贸易部门的单位劳动成本，$\beta = \alpha/(1-\alpha)$ 为用于可贸易部门与不可贸易部门的支出比，$L_X = x/A_T$ 为用于生产出口品的（或者理解为从进口部门省下的）劳动力。

国内劳动力市场出清条件：

$$L_T + L_S = L \qquad (3.8)$$

式中，L 为国内总的劳动力。

e 和 x 这两个变量由国际市场决定，因此可以暂时视为给定。由式（3.6）、式（3.7）、式（3.8）可求解国内变量 p、L_T 和 L_S。式（3.6）单独决定 p。由式（3.7）和（3.8），我们可以求得 L_T 和 L_S：

$$L_T = \frac{\beta\omega}{1+\beta\omega}L + \frac{1}{1+\beta\omega}L_X, \quad L_S = \frac{1}{1+\beta\omega}L - \frac{1}{1+\beta\omega}L_X \qquad (3.9)$$

值得注意的是，可贸易部门单位劳动力成本的上升，实际上会提高该部门的就业量，且同时减少不可贸易部门的就业量，背后原因如下：造成可贸易部门单位劳动力成本上升的原因要么是工资率上升，要么是可贸易部门生产率下降。如果是前一种情况，不可贸易部门价格会上升，因此相应的需求会下降；而后一种情况下，可贸易产品会出现供不应求的状况，为使供需平衡，必须扩大生产。

3.2.3　国际市场

为了求解完整模型，我们还需要考虑名义汇率和净出口是如何在国际市场上被决定的。在固定汇率制度下，名义汇率不变，但我们仍然无法确定净出口的变化。在浮动汇率制度下，两个变量都是未知的。但事实上，迄今为止还没有令人满意的模型能够告诉我们这两个变量到底是如何决定的（Engel，2014）。正因如此，本章中我们只简单假定可贸易部门的正向生产率冲击会导致浮动汇率下名义汇率升值①。

为了确定出口量，我们考虑如下结构的国际市场：第一，国际市场足够大，以保证一国的出口不至于影响到可贸易品的国际价格；第二，国际市场上存在众多的生产者，并且各自的单位劳动成本不同；第三，一国与其他国家在国际市场上进行

---

① 这一假定可由固定货币发行速率下的剑桥方程式导出：$\hat{e} + m = \hat{y}$。其中 e 是增速，m 是固定的货币发行速率，y 是实际GDP。当劳动生产率面临正向冲击时，实际GDP会上升，同时名义汇率将升值。

价格竞争，并且击败那些单位劳动成本更高的企业。假定在国际市场上，每个生产者都可生产一单位可贸易品，且单位劳动成本满足如下累计分布函数 c. d. f. $G(.)$。那么，一国出口量就是 $x = 1 - G(w/A_T)$，其中 $w = eW$ 是实际工资率，而 w/A_T 就是国内可贸易部门的单位劳动成本。由于 $w = pA_S$，我们进而可以建立起实际汇率 RER 和出口 x 的关系：

$$x = 1 - G(p/A_{TS}) = 1 - G(\omega) \tag{3.10}$$

式（3.10）很清楚地表明：一方面，实际汇率 RER 升值将抬高国内实际工资，这将有损国内生产者在国际市场上的竞争力；但另一方面，A_{TS} 的上升则意味着国内可贸易部门单位劳动成本的下降，这将增强其在国际市场上的竞争力。

3.2.4 固定汇率制度与浮动汇率制度比较

基于上述结果，当可贸易部门生产率 A_T 上升时，我们可以比较固定汇率制度和浮动汇率制度下稳态上各变量变化的异同。由于假定不可贸易部门的生产率 A_S 不变，因此 A_T 的上升也就等价于两部门相对生产率 A_{TS} 的变化。

首先，我们考察内部实际汇率 RER 会随着冲击如何变动。由式（3.6）我们可以得到 RER 对 A_{TS} 的弹性，或称巴萨效应弹性：

$$\eta = \frac{\Delta p}{\Delta A_{TS}} \bigg/ \frac{p^0}{A_{TS}{}^0} = \left[\delta P^0 \frac{\Delta e}{\Delta A_{TS}} + (1-\delta) \right] \bigg/ \omega^0 \qquad (3.11)$$

式（3.11）清楚揭示了工资黏性下的巴萨效应：第一，分子中的第一项是由名义汇率引起的升值；分子中的第二项是由国内价格调整导致的升值。在固定汇率制度下，第一个渠道被阻断，因此 $\Delta e/\Delta A_{TS} = 0$；而在浮动汇率制度下，$\Delta e/\Delta A_{TS} > 0$。如此一来，我们知道实际升值的幅度在浮动汇率制度下会更大。我们将固定汇率制度和浮动汇率制度下的巴萨效应弹性分别记为 η_{FERR} 和 η_{float}，可以证明 $\eta_{FERR} \leqslant \eta_{float}$。需要指出的是，只有当工资存在黏性时（$\delta$ 大于 0），η_{FERR} 和 η_{float} 才会不同。第二，两者间的差异随着 δ 趋近于 1 而扩大。我们将这两个实证上可验证的假设总结如下：

H1.1 当可贸易部门相对于不可贸易部门发生技术进步时，巴萨效应始终成立，但当工资调整存在黏性时，固定汇率制度下的巴萨效应弹性会低于浮动汇率制度下的巴萨效应弹性。

H1.2 两种不同汇率制度下的巴萨效应弹性之差，会随着工资黏性程度增加而扩大。

接下来我们想要回答的问题是，固定汇率制度导致的实际汇率低估是否会带来实际产出的更快增长？由于不可贸易部门始终获得零利润，因此，它的产出也就等于其工资支出，即 wL_S。而可贸易部门企业获得正利润：

$$R = (A_T - w)L_T = (1-\omega)A_T L_T \tag{3.12}$$

因此，经济体中的总产出可表示为 $wL_T + R$。以可贸易品计的实际 GDP 为：

$$y = wL + R \tag{3.13}$$

由于我们并不能事先知道 RER 的绝对值，因此，无法确定真实产出究竟在哪种汇率制度下更高。取而代之的做法是比较当 A_T 面临正面冲击 ΔA_T 后，两种汇率制度下的产出增长率 $\Delta y / y^0$。因为两种汇率制度下初始产出 y^0 是一样的，所以，我们只需比较产出增量 Δy 的相对大小。相较于浮动汇率制度，固定汇率制度还要面临工资率和可贸易部门利润间的取舍。由于固定汇率制度是通过内部实际汇率低估而压低了工资率，因此，如果固定汇率制度下的产出高于浮动汇率下的，就一定意味着固定汇率制度下可贸易部门利润足够高，高到足以补充国内工资的损失。从式（3.13）可以看出，固定汇率制度有两种方式来满足上述要求：一是通过压低工资实现更多储蓄积累，二是将更多劳动力引导至可贸易部门。但事实上，储蓄渠道并不足以弥补整个经济体遭受的劳动收入损失，因为储蓄的上升仅仅发生在可贸易部门工人身上，但后者——劳动收入的损失却是所有劳动力都要面临的。如此一来，唯一可能使固定汇率制度下增长更快的渠道就是将更多劳动力引导至可贸易部门。

具体而言，当面临 ΔA_T 冲击时，真实工资的变动可表示为：

$$\frac{\Delta w}{\Delta A_T} = \frac{\Delta p}{\Delta A_{TS}} = \frac{p^0}{A_{TS}^0}\eta \tag{3.14}$$

进一步，我们可以进行两种汇率制度间的比较：

$$\left.\frac{\Delta w}{\Delta A_T}\right|_{FERR} - \left.\frac{\Delta w}{\Delta A_T}\right|_{float} = \omega^0(\eta_{FERR} - \eta_{float}) < 0 \tag{3.15}$$

式（3.15）表明固定汇率制度确实压低了真实工资的增长，此外，两种汇率制度下真实工资率之差还正比于相应巴萨弹性之差。我们将上述结论总结如下：

H2　可贸易部门的相对技术进步会使得工资率上升，但固定汇率制度下的增幅会低于浮动汇率制度，并且两者差距正比于相应汇率制度下巴萨效应弹性之差。

为考察可贸易部门的就业量，我们回到式（3.9），可得：

$$\frac{\Delta L_T}{\Delta A_{TS}} = (L - L_x^0)\frac{\beta}{(1+\beta\omega^0)^2}\frac{\Delta \omega}{\Delta A_{TS}} + \frac{1}{1+\beta\omega^0}\frac{\Delta L_x}{\Delta A_{TS}} \tag{3.16}$$

可以看出，可贸易部门的就业变化可分拆成两个因素：一是由于单位劳动力成本变动导致的。将 ω 对 A_{TS} 的弹性记为 η_ω，则有 $\eta_\omega = -(1-\eta)$，由于实际汇率升值并不能完全吸收劳动生产率的冲击（η 介于 0 到 1 之间），因此 η_ω 介于 -1 到 0。

影响可贸易部门就业的第二个扰动因素就是出口方面的劳动力数目。将 x 对 ω 的弹性记为 $\eta_x < 0$。易得 $\Delta L_x / \Delta A_{TS} = L_x(\eta_x\eta_\omega - 1)/A_{TS}$。由于 η_ω 介于 -1 到 0，因此只有当 $\eta_x < -1$

时，$\Delta L_x / \Delta A_{TS}$ 才可能为正。由式（3.9）前半部分，我们可将总劳动力表达为 $L = [(1+\beta\omega^0)L_T^0 - L_X^0]/\beta\omega^0$。将这一结果与 $\eta_\omega = -(1-\eta)$ 代入式（3.16），可得：

$$\frac{\Delta L_T}{\Delta A_{TS}} = \frac{1}{1+\beta\omega^0}\frac{L_T^0}{A_{TS}^0}\left\{\left[(1-\eta_x)\frac{L_X^0}{L_T^0}-1\right](1-\eta)-\frac{L_X^0}{L_T^0}\right\}$$

(3.17)

因此，如果 $\Delta L_T / \Delta A_{TS}$ 为正，就等价于如下不等式成立：

$$\left[(1-\eta_x)(1-\eta)-1\right]\frac{L_X^0}{L_T^0} > 1-\eta$$

(3.18)

要使（3.18）不等式成立，就要求出口对单位劳动成本的弹性（η_X）较大，或者出口部门占比（L_X^0/L_T^0）较高。但这里我们更感兴趣的是固定汇率制度和浮动汇率制度之间的差异，式（3.17）在两种汇率制度下相减可得：

$$\left.\frac{\Delta L_T}{\Delta A_{TS}}\right|_{FERR} - \left.\frac{\Delta L_T}{\Delta A_{TS}}\right|_{float}$$

$$= \frac{1}{1+\beta\omega^0}\frac{L_T^0}{A_{TS}^0}\left[(1-\eta_x)\frac{L_X^0}{L_T^{0}}-1\right](\eta_{float}-\eta_{FERR})$$

(3.19)

决定这一差值正负的关键变量就是可贸易部门中用于出口的劳动力比例。显然，对于赤字国（$L_X^0 < 0$）来说，这一差值恒为负，此时，固定汇率制度下的可贸易部门就业量始终大于浮动汇率制度下的，原因在于固定汇率制度下实际汇率被低估，这使得该国不得不为进口支付更高的价格，而这不利于可贸易

部门。对于外贸盈余国，当满足如下条件（下称条件 X）时，固定汇率制度下可贸易部门就业量就会高于浮动汇率制度下的：

$$\frac{L_X^0}{L_T^0} > \frac{1}{1-\eta_x} \tag{3.20}$$

可将上述结果总结如下：

H3 当一国可贸易部门发生生产率进步时：

H3.1 要保证相比于浮动汇率制度，固定汇率制度下的可贸易部门就业更多，一个必要条件就是该国有贸易盈余。

H3.2 两种汇率制度下的差距正比于相应巴萨效应弹性之差。

H3.3 这一差距会随着可贸易部门中出口份额的上升而扩大。

我们来考察对实际产出增速的影响。由式（3.12），可得可贸易部门的正利润：

$$\frac{\Delta R}{\Delta A_T} = \left(1 - \frac{\Delta w}{\Delta A_T}\right)L_T^0 + (1-\omega^0)A_{TS}^0\frac{\Delta L_T}{\Delta A_{TS}} \tag{3.21}$$

进而，实际产出变动可表示为：

$$\frac{\Delta y}{\Delta A_T} = \frac{\Delta w}{\Delta A_T}L + \frac{\Delta R}{\Delta A_T}$$

$$= L_T^0 + \frac{\Delta w}{\Delta A_T}L_S^0 + (1-\omega^0)A_{TS}^0\frac{\Delta L_T}{\Delta A_{TS}} \tag{3.22}$$

可以看出，A_T 正向冲击所带来的影响可分解为三部分：第一是由劳动生产率上升带来的直接效果，表现在可贸易部门

就业人数 L_T^0 上；第二是对工资率的影响，由于工资的上升会被可贸易部门利润的下降所抵消，因此，经由工资渠道产生的对实际 GDP 的影响只会反映在不可贸易部门的就业人数上；第三是可贸易部门就业占比变化导致的结构转型，如前所述，这一项正负符号不定，但即使它为负，考虑到这是由正向生产率冲击带来的次级影响，也不太可能超过前两项更为直接的正面影响。综上所述，正向冲击将提高实际产出增长率。

固定汇率制度和浮动汇率制度下的产出增加差值可表示为：

$$\frac{\Delta y}{\Delta A_T}\bigg|_{FERR} - \frac{\Delta y}{\Delta A_T}\bigg|_{float} = L_T^0 \left\{ \frac{1-\omega^0}{1+\beta\omega^0}\left[(1-\eta_x)\frac{L_X^0}{L_T^0} - 1\right] \right.$$

$$\left. -\omega^0\frac{L_S^0}{L_T^0} \right\}(\eta_{float} - \eta_{FERR}) \quad (3.23)$$

这一差值依旧正比于两种汇率制度下的巴萨效应弹性之差。要保证固定汇率制度下的产出增长更快，仅保证条件 X 成立是不够的。这是因为我们不仅要使固定汇率制度下的可贸易部门就业更多，还要求这一就业增加足以弥补压低工资所带来的损失。具体而言，要求条件 XW 成立：

$$\frac{1-\omega^0}{1+\beta\omega^0}\left[(1-\eta_x)\frac{L_X^0}{L_T^0} - 1\right] > \omega^0\frac{L_S^0}{L_T^0} \quad (3.24)$$

可以看到，除了拥有较大的出口部门，起始时刻较低的单位劳动成本（ω^0）也有助于条件 XW 的满足，而这种情形更可能出现在发展中国家，因为这些国家普遍拥有更多的剩余劳动力。但对于发达国家来说，由于其普遍已接近或达到平衡增长路径，因此 ω^0 接近于 1，此时浮动汇率制度下的实际产出增速一定会高于固定汇率制度下的。

进而可得如下假设：

H4 当一国可贸易部门发生生产率进步时：

H4.1 要使得固定汇率制度下经济增速更高，一个必要条件就是该国有贸易盈余。

H4.2 两种汇率制度下的产出差值正比于相应巴萨效应弹性之差。

H4.3 这一差值在发展中国家中比在发达国家中更大。

3.3 数据与变量

这一节中，我们将在实证上检验模型部分提出的四组假设。我们的样本由 159 个国家组成，时间覆盖了 1980—2007 年。其中，起始年份为 1980 年，这是保证实证检验所需关键变量数据全部可得的最早年份。终止年份为 2007 年，原因主要有两个：其一，为了排除 2008 年国际金融危机的干扰，并且 1980—2007 年这一时间段也足够长，不需要担忧数据量的统计检验力（power problem）。其二，更主要的原因是 LS 和 JS 的汇率制度分类只到 2007 年。我们的主要数据源于世界银行的

WDI 数据库、宾夕法尼亚大学世界表（Penn World Table 9.0，PWT 9.0），以及罗斯（Andrew Rose）和莱因哈特（Carmen Reinhart）个人网页提供的数据。WDI 数据库提供了很好的分部门数据。PWT9.0 则经常用于对跨国、跨时间的收入数据进行比较，我们选用了其中的 PPP、实际 GDP 和资本存量数据。罗斯和莱因哈特的个人网页上则给出了 FERR 定义分类数据。

我们实证中用到的是间接标价法下的实际汇率，具体为名义汇率除以 PPP，也就是 PWT9.0 中的"pl_gdpo"（美元 2011 年价格规定为 1）的倒数。事实上，可以证明这一实际汇率是正比于模型中用到的内部实际汇率的①，因此，可以直接将这一指标用于实证检验。

H1.1 给出了劳动生产率 A_{TS} 冲击与实际汇率间的关系。WDI 数据库报告了工业和服务业的增加值占 GDP 的比例，以及各自所占的就业份额。我们用这两个部分分别代表可贸易部门和不可贸易部门。因此，A_{TS} 也就等于两部门各自的增加值份额与就业份额之比。尽管关于分部门的增加值数据最早可以追溯到 1960 年，但 WDI 数据库的分部门就业数据直到 1980 年才有，这也是我们主要构造变量都从 1980 年开始的原因。

H1.2 强调的是名义工资黏性的作用，为此，我们将农村人口占比作为其代理变量。理由如下：我们考察的是当生产率

---

① 在柯布-道格拉斯的效用函数下，可以证明实际汇率 RER 与内部实际汇率 p 间存在如下关系：$RER=p^{1-\alpha}$。因此，转换为弹性的表达式为：$\mathrm{d}\ln RER=(1-\alpha)\,\mathrm{d}\ln p$。

产生有利冲击时，固定汇率制度会如何抑制由巴萨效应导致的实际汇率升值，尤其是那些采取出口导向型增长模式的国家。在这些国家中，农村部门往往存在大量的剩余劳动力，这些潜在劳动力供给的存在会降低城市工人的工资议价能力，在模型中则表现为进一步抑制巴萨效应。劳动力从农业部门转移出来后，农村人口占比和剩余劳动力数目均会有所下降，并将提高工资调整的灵活度。从这个意义上说，农村人口占比可以作为名义工资黏性的理想代理指标，这一变量同样取自 WDI 数据库。为了减轻内生性问题，我们使用滞后一期数据，记为 $l.\,rural$。

为了检验 H2，我们需要实际工资数据。由于缺乏直接数据，我们选用 PWT9.0 中间的三个变量，共同构造了实际工资指标，即劳动报酬占 GDP 比例、实际 GDP 以及一国的就业人数。用劳动报酬占比乘以实际 GDP，再除以就业人数，就可以得到一国的实际工资（记为 $rwage$）。考虑到各国的劳动、资本配比不同，我们加入了控制变量（L/K），定义为就业除以该国资本存量（1 000 美元，以 2011 年 PPP 美元计）。其中，就业和资本存量数据均取自 PWT9.0。类似地，我们也将（L/K）滞后一期，放入回归中。

为检验 H3，设被解释变量是可贸易部门的就业占比，以 WDI 数据库报告的工业部门占总就业份额衡量。H3 中还涉及一国的贸易盈余，以及出口部门在可贸易部门中的占比。我们根据 WDI 数据库中的经常账户收支头寸定义了虚拟变量（*d_surp*），以反映一国是否为盈余国，若是，赋值为 1，否则为 0。回归中，同样使用滞后一期数据（回归表格中记为 *l. d_ surp*）。此外，由于没有现成的出口部门规模数据，我们只能用出口占 GDP 比例作为代理变量。由此，出口部门在可贸易部门的比例（*exp_ind*）就可以表示为出口占 GDP 份额除以工业部门增加值占 GDP 份额，其中，出口部门和工业部门增加值占 GDP 份额的数据均来自 WDI 数据库。类似地，这一变量也以滞后一期形式进入回归。

对 H4 的检验需要用到"发展中国家"的定义及人均 GDP 数据，而后者由于考虑到需要做跨国可比，因此，我们选用的是 PWT9.0 中的实际人均 GDP（以 2011 年 PPP 美元计）。而对于"发展中国家"的定义，我们主要参考世界银行划分的四组收入档：高收入（high-income，H）、中高收入（upper-mid-dle-income，UM）、中低收入（lower-middle-income，LM），以及低收入（low-income，L）。以此分类，我们将后三组定义为"发展中国家"。

相关变量的描述性统计汇报于表 3−1 的 A 栏中。

表 3−1　描述性统计

变量	样本量	均值	标准差	最小值	最大值	单位
A栏						
RER	3 463	0.389	0.788	0.018	47.815	—
A_{TS}	2 410	1.282	0.913	0.311	15.608	—

续表

变量	样本量	均值	标准差	最小值	最大值	单位
rwage	2982	18 635.500	16 911.270	214.566	147 586.400	美元
rural	12 739	0.496	0.247	0.000	0.975	—
L/K	8 244	0.102	0.245	0.000 6	3.943	人/千美元
ind_emp	2 826	24.853	7.702	2.100	51.800	%
d_surp	10 331	0.334	0.472	0	1	—
exp_ind	5 691	5.383	5.841	0.125	87.435	%
rgdppc	6575	9 782.760	11 837.560	153.165	111 730.400	美元
B栏						
IMF	3 963	0.435	0.496	0	1	
RR	3 816	0.359	0.480	0	1	
IRR	4 118	0.461	0.499	0	1	
LS	3 227	0.522	0.500	0	1	
JS	4 116	0.422	0.494	0	1	

注：所有货币性质变量均以 2011 年 PPP 美元计。

　　本书中对固定汇率制度的定义至关重要，而采用不同的分类法常常导致分类结果大相径庭。基于这一考虑，我们基于五组常用的汇率制度分类法构建了固定汇率制度这一虚拟变量。其中，第一组就是 IMF 的名义分类法，这种分类方式十分常见（Baxter and Stockman，1989）。但由于各个国家实际执行的汇率制度往往同与之声称采用的汇率制度存在差异，因此，IMF 分类法也时常被人诟病。正因如此，后续一系列分类法更多侧重于关注一国汇率制度的实际情况，即派生出了以下四类常见分类法：

　　第一类和第二类：RR（Reinhart and Rogoff，2004）和 IRR（Ilzetzki，Reinhart，and Rogoff，2008）分类法，这两者高度相关，都是基于货币篮子算法得出的判别标准。

简单来说，第一步是判断该国是否存在实行双轨或多轨汇率制度的情形。如果这个国家只有单一汇率并且有明确官方承认的汇率制度，那么就需要根据实际汇率走势来评判官方所称的汇率制度是否确实被执行了。若该国存在不止一个汇率价格，或者存在单一汇价但无明确的汇率制度安排，那么就需要通过统计分类来判断该国所属的汇率制度。其中一个特例是，如果一个国家一年（12 个月）内的通货膨胀率超过 40％，那么该国的汇率制度就被记为"自由落体"（freely falling）。RR 分类法和 IRR 分类法的分类数据都始于 1946 年，但 RR 只到 2001 年。IRR 第一版（2008 年公布）数据的截止年份是 2007 年，但随后又分别在 2010 年和 2017 年进行了两次更新。据数据编纂者称，IRR 分类法和 RR 分类法的主要区别在于，IRR 分类法在数据有效性和时效性上会一定程度超前于 RR 分类法，这是因为"它直接面对锚货币这一关键问题"[①]（Ilzetzki、Reinhart and Rogoff，2017）。

第三类：Levy-Yeyati 和 Sturzenegger（2003）提出的 LS 分类法。这也是一种基于汇率的实际（de facto）表现的划分标准，其参考依据主要有以下三组：（1）汇率波动，以名义汇率的绝对变化量衡量；（2）汇率变化量的波动，以汇率百分点变化的标准差衡量；（3）外汇储备波动，以换算成美元的外汇储备绝对变化量衡量。据此，汇率制度被依次划分为三种：固定汇率、中间汇率及浮动汇率。LS 分类法的数据时间覆盖范围为 1974—2007 年。

第四类：JS 分类法是由 Shambaugh（2004）构造的，也是基于一段时间内汇率的实际变动情况判定的。JS 分类法主要考虑两大类汇率制度：一是"钉住"（pegs），要求至少两年内汇率月波幅在±2%区间内（至少两年内每月汇率的对数值的最大值、最小值之差不超过 0.04）；二是"非钉住"（non-pegs）。JS 分类法的数据时间段为 1970—2007 年。

对于 IMF 分类法和 RR 分类法，我们参照 Rose（2011）将类型是"货币局/固定"（currency union/fix）的汇率定义为固定汇率，*FERR* 赋值为 1；将"窄幅爬行"（narrow crawl）、"宽幅爬行/管理浮动"（wide crawl/managed floating）或是"浮动"（float）均归为非固定汇率，*FERR* 赋值为 0。这里，IMF 分类法和 RR 分类法中所划分的"自由落体"的情况没有被 Rose（2010）考虑在内。

对于 LS 分类法，我们将"固定制度"类国家 *FERR* 赋值为 1，而将那些"中间制度"或是"浮动制度"的国家赋值为 0。对于 JS 分类法，那些被归为"钉住"类的国家 *FERR* 赋值为 1，而对于那些"非钉住"类的国家，*FERR* 赋值为 0。

此外，在 IRR 分类法下，$FERR$ 的值是根据其给出的打分得到的。当汇率制度打分介于 1 到 4 之间〔从"无独立法定货币"（no separate legal tender）到"事实上的钉住"（de facto peg）〕时，我们将 $FERR$ 赋值为 1；而当汇率制度打分介于 5 到 13 之间〔从"事先声明的爬行钉住"（preannounced crawling peg）到"自由落体"〕时，$FERR$ 赋值为 0。与之前处理类似，"自由落体"的情形最终被排除出样本。

表 3-1 的 B 栏给出了由上述 5 种方式得到的固定汇率制度定义，它们之间的相关系数列于表 3-2。一个并不令人意外的结果是，IMF 分类法与其余四种分类法呈现出较低的相关系数。与此同时，RR 分类法和 IRR 分类法的相关系数却高达 0.9。因此，也不难预测，基于这两种分类法得到的实证结果也往往十分相似。但相比之下，IRR 分类法与其余三组分类法的区别似乎更甚于 RR 分类法，一个可能的原因是 IRR 分类法依据的是更加细致的分类标准，从而使得它与其余几组分类法间的差异性更大。

表 3-2 不同定义下的固定汇率制度虚拟变量相关系数

项目	IMF	RR	IRR	LS	JS
IMF	1				
RR	0.427	1			
IRR	0.321	0.900	1		
LS	0.402	0.385	0.251	1	
JS	0.433	0.431	0.368	0.414	1

注：表中数字是对样本中所有国家的"固定汇率"虚拟变量（$FERR$）的相关系数。

3.4　实证研究

3.4.1　固定汇率制度抑制巴萨效应

为检验 H1.1，基准回归式如下：

$$\ln RER_{it} = \eta_0 + \eta_1 \ln A_{TS,it} + \eta_2 \ln A_{TS,it} \times FERR_{it}$$

$$+ \eta_3 FERR_{it} + \theta_i + \theta_t + \varepsilon_{it} \qquad (3.25)$$

式中，i 为国家下标，t 为年份下标，θ_i 和 θ_t 分别为国家和年份的固定效应。由于 RER 采用的是间接标价法，因此，该值上升意味着实际汇率升值。巴萨效应告诉我们，当一国可贸易部门相对于不可贸易部门发生生产率进步时，该国货币将面临实际汇率升值压力。方程中的 η_1 对应于模型中的 η_{float}，因此理应为正。同时，H1 还告诉我们，巴萨效应会被固定汇率制度所抑制，这意味着 η_2 应该为负，因为 $\eta_{FERR} = \eta_1 + \eta_2$。我们在方程中也加入了单独项——$FERR$，这主要是为了揭示独立于巴萨效应之外，固定汇率制度对实际汇率的影响。

表 3-3 的第（1）列展示的是不区分汇率制度时，巴萨效应的平均效果。$\ln A_{TS}$ 的系数意味着相对生产率每提高 1%，实际汇率升值 0.053%。前面提到过的，实际汇率 RER 与内部实际汇率 $IRER$ 之间存在如下关系，$\eta_{IRER} = \eta_{RER}/(1-\alpha)$。其

中，$1-\alpha$ 是一国花在不可贸易品上的支出份额，往往高于 0.5。因此，内部实际汇率弹性通常小于 0.1。在相关综述中，$IRER$ 的弹性一般介于 $0.17 \sim 0.28$ 之间（Choudhri and Khan，2005）。我们的结果低于这一范围的下限，一个可能的原因是我们的样本覆盖了较多的发展中国家。而在他们的文章中，也提到，在发展中国家中，$IRER$ 弹性明显更低。此外，相比于 Kakkar 和 Yan（2012）汇总的实证估计结果，我们估计的弹性系数并不小。事实上，该实证研究中还有不少为负值的估计系数。

表 3-3 固定汇率制度抑制巴萨效应

因变量 lnRER	(1)	(2) IMF	(3) RR	(4) IRR	(5) LS	(6) JS
$\ln A_{TS}$	0.052 8 **	0.090 7 ***	0.082 3 ***	0.118 ***	0.048 7	0.044 0
	(0.025 5)	(0.029 9)	(0.031 9)	(0.032 0)	(0.039 6)	(0.033 0)
$\ln A_{TS} \times FERR$		0.009 97	−0.127 ***	−0.213 ***	0.016 6	−0.019 8
		(0.035 1)	(0.045 9)	(0.038 8)	(0.033 6)	(0.032 9)
$FERR$		0.108 ***	0.099 9 ***	0.119 ***	0.053 4 ***	0.090 2 ***
		(0.017 4)	(0.017 8)	(0.017 0)	(0.016 4)	(0.015 9)
国家固定效应	Y	Y	Y	Y	Y	Y
年份固定效应	Y	Y	Y	Y	Y	Y
常数项	−1.134 ***	−0.466 ***	−0.417 ***	−0.454 ***	−0.573 ***	−0.598 ***
	(0.034 4)	(0.022 0)	(0.021 3)	(0.021 2)	(0.022 0)	(0.020 3)
样本量	1 934	1 653	1 613	1 581	1 322	1 517
R-squared	0.895	0.904	0.903	0.909	0.895	0.905

注：标准误报告在括号里。*、** 和 *** 分别代表在 10%、5% 和 1% 的水平上显著。

表 3-3 中第（2）列至第（6）列分别给出了基于五种不同 $FERR$ 定义得到的式（3.25）全样本估计结果。可以看到，在 IMF 分类法、RR 分类法和 IRR 分类法下，η_1 均显著为正，

且系数大于表 3 - 3 中第（1）列。这表明按照这三种汇率制度
分类法，巴萨效应在浮动汇率制度下显著存在。按照 RR 分类
法和 IRR 分类法定义，η_2 为负且显著，这与 H1.1 的预测吻
合。正如前面谈到的那样，RR 分类法和 IRR 分类法高度相
关，因此，我们并不意外会看到它们之间存在相似之处的结
果。事实上，由于这两种分类法在判定标准上最为全面、复
杂，因此，可以说是实际汇率制度判定法中最为精确的两种。
在 RR 分类法和 IRR 分类法下，η_{FERR} 为负，这意味着当部门
间相对生产率进步时，固定汇率制度下会出现对本币的低估。
但必须指出，我们这里强调的是在同等程度的相对生产率进步
条件下，固定汇率制度下的本币实际升值程度显著低于浮动汇
率制度下的，而并不是说固定汇率制度本身造成了对实际汇率
的低估。因为，从平均效果上看，固定汇率制度对实际汇率的
边际影响是 $\eta_2 \ln A_{TS} + \eta_3$，而单独项虚拟变量 FERR 的系数，
η_3 显著为正。结合 $\ln A_{TS}$ 的样本均值是 0. 124 这一事实，从表
3 - 3 可知，FERR 对实际汇率的平均效果无论在哪种汇率制
度分类下均大于零。换句话说，在平均意义上，固定汇率制度
会造成对实际汇率的高估，这可以用于解释为何一些实证文章
会发现固定汇率制度不利于经济增长。

　　为检验 H1.2，我们在基准回归式（3.25）的基础上，又
加入了三重交互项 $\ln A_{TS} \times FERR \times l. rural$。为了控制农村人
口占比的单独影响，我们又加入了滞后项 l. rural，结果列于

表 3－4。在 IMF 分类法、RR 分类法和 IRR 分类法定义下，浮动汇率制度下的巴萨效应弹性（$\ln A_{TS}$ 的系数）均显著为正。且正如 H1.2 预测的那样，三重交互项 $\ln A_{TS} \times FERR \times l.rural$ 的系数均显著为负。将 $l.rural$ 的样本均值 0.496 代入，可知三种分类法定义下的浮动汇率制度和固定汇率制度间的巴萨效应弹性之差分别为 0.012＝－（0.338－0.705×0.496）、0.183＝－（0.248－0.868×0.496）和 0.261＝－（0－0.526×0.496）。其中，RR 分类法和 IRR 分类法的结果与表 3－3 中 η_2 的估计结果十分接近。总而言之，依照 RR 分类法和 IRR 分类法定义，H1 成立。

表 3－4　工资黏性扩大巴萨效应弹性之差

因变量 $\ln RER$	(1) IMF	(2) RR	(3) IRR	(4) LS	(5) JS
$\ln A_{TS}$	0.092 2***	0.089 4***	0.118***	0.046 0	0.045 1
	(0.029 6)	(0.031 7)	(0.032 0)	(0.039 6)	(0.033 1)
$\ln A_{TS} \times FERR$	0.338***	0.248**	0.018 2	0.124	0.093 5
	(0.082 1)	(0.103)	(0.086 4)	(0.076 9)	(0.076 7)
$\ln A_{TS} \times FERR \times l.rural$	－0.705***	－0.868***	－0.526***	－0.215	－0.220
	(0.156)	(0.218)	(0.185)	(0.138)	(0.135)
$FERR$	0.116***	0.107***	0.117***	0.052 8***	0.090 6***
	(0.017 4)	(0.017 7)	(0.017 0)	(0.016 4)	(0.015 9)
$l.rural$	0.782***	0.379**	0.439**	－0.011 1	0.076 0
	(0.195)	(0.188)	(0.191)	(0.229)	(0.206)
国家固定效应	Y	Y	Y	Y	Y
年份固定效应	Y	Y	Y	Y	Y
常数项	－1.534***	－1.295***	－1.318***	－1.122***	－1.190***
	(0.095 2)	(0.089 6)	(0.090 4)	(0.112)	(0.098 9)
样本量	1 653	1 613	1 581	1 322	1 517
R-squared	0.906	0.904	0.910	0.895	0.906

注：标准误报告在括号里。*、** 和 *** 分别代表在 10%、5% 和 1% 的水平上显著。

3.4.2　固定汇率制度抑制工资上涨

H2 告诉我们，当可贸易部门发生相对生产率进步时，通过抑制巴萨效应，固定汇率制度还会压低实际工资的增长速度。事实上，浮动汇率制度和固定汇率制度下工资增速之差正比于相应制度下的巴萨效应弹性（实际汇率升值速度）之差。为了比较两种汇率制度下工资增速差异，我们进行如下回归：

$$\ln wage_{it} = b_0 + b_1 \ln A_{TS,it} + b_2 \ln A_{TS,it} \times FERR_{it} + b_3 FERR_{it}$$
$$+ b_4 (L/K)_{it-1} + \theta_i + \theta_t + \varepsilon_{it} \qquad (3.26)$$

式中，b_1 为浮动汇率制度下实际工资对相对生产率的弹性；b_2 为相较于浮动汇率制度，固定汇率制度如何影响工资增长。如果 H2 正确，那么可以预计 b_2 应该为负。由于我们在模型中并没有考虑资本，但劳动-资本比会对工资有显著影响，因此，在回归中我们还加入了滞后一期的劳动-资本比 $(L/K)_{it-1}$，这也有助于控制各国的不同的工资水平。

结果汇报于表 3-5。由于 WDI 数据库中"劳动收入份额"这一变量缺失情况严重，因此，数据样本量大幅下降。但尽管如此，我们的结果依旧十分显著，支持了 H2 的假设。

表 3 – 5   固定汇率制度抑制工资增长

因变量 ln*wage*	(1) IMF	(2) RR	(3) IRR	(4) LS	(5) JS
$\ln A_{TS}$	2. 318 ***	1. 484 ***	1. 458 ***	3. 186 ***	2. 583 ***
	(0. 485)	(0. 154)	(0. 160)	(0. 632)	(0. 460)
$\ln A_{TS} \times FERR$	− 1. 345 **	− 0. 462 **	− 0. 607 ***	− 1. 118 **	− 1. 109 **
	(0. 548)	(0. 235)	(0. 233)	(0. 548)	(0. 506)
$FERR$	− 0. 747 ***	− 0. 032 8	− 0. 032 2	− 0. 107	− 0. 229
	(0. 223)	(0. 085 8)	(0. 088 4)	(0. 247)	(0. 207)
$l.\ (L/K)$	− 9. 949 ***	− 9. 224 ***	− 9. 289 ***	− 17. 82 ***	− 12. 94 ***
	(3. 187)	(0. 943)	(0. 952)	(4. 689)	(3. 012)
国家固定效应	Y	Y	Y	Y	Y
年份固定效应	Y	Y	Y	Y	Y
常数项	4. 411 ***	4. 701 ***	4. 601 ***	4. 402 ***	4. 336 ***
	(0. 121)	(0. 039 5)	(0. 042 6)	(0. 177)	(0. 124)
样本量	912	814	796	765	958
R-squared	0. 781	0. 955	0. 953	0. 770	0. 779

注：标准误报告在括号里。＊、＊＊和＊＊＊分别代表在10％、5％和1％的水平上显著。

单看 $\ln A_{TS}$ 的系数，在各列回归中均显著为正，意味着浮动汇率制度下相对生产率的进步会显著带动工资增长，并且这一效果十分明显。若工业部门有 1％的相对生产率进步，工资的涨幅则会介于 1. 46％（IRR）至 3. 19％（LS）。这些结果都符合我们的经济学直觉，但并非我们所要验证的，我们真正关心的是交互项的系数 b_2，它反映的是在同等程度的生产率进步条件下，相较于浮动汇率制度，固定汇率制度会怎样影响工资涨幅。可以看到，与 H2 预测一致，在所有汇率制度定义下，b_2 都显著为负，这意味着固定汇率制度对工资上涨有明显的抑制作用。尽管固定汇率制度下，生产率的进步仍会带来工资上涨，但生产率每提升 1%，固定汇率制度下的实际工资涨幅会比浮动汇率制度下低出 0.46%（RR）至 1.34%（IMF）。将这里得到的 b_2 与之前表 3-3 中得到的 η_2 联系起来，我们还可推得，由固定汇率制度带来的 1% 的实际汇率低估将拉低工资增速 $2.85(b_2/\eta_2=0.607/0.213)$ 个百分点。

除此之外，劳动-资本比越高，越不利于工资增长。而固定汇率制度本身并不会对工资增长产生明显效果。

3.4.3　固定汇率制度促进盈余国可贸易部门就业

H3.1 告诉我们，当一国相对生产率 A_{TS} 经历正向冲击时，对于那些盈余国，固定汇率制度可以带来比浮动汇率制度下更快的可贸易部门扩张。相应的，我们对如下方程进行估计：

$$
\begin{aligned}
\ln ind\_emp_{it} = {} & \gamma_0 + \gamma_1 \ln A_{TS,it} + \gamma_2 \ln A_{TS,it} \times FERR_{it} \\
& + \gamma_3 \ln A_{TS,it} \times FERR_{it} \times l.d\_surp_{it} \\
& + \gamma_4 FERR_{it} + \gamma_5 l.d\_surp_{it} + \gamma_6 \ln A_{TS,it} \\
& \times l.d\_surp_{it} + \theta_i + \theta_t + \varepsilon_{it}. \quad\quad (3.27)
\end{aligned}
$$

首先，由于 $l.d\_surp$ 是一个虚拟变量，所以，我们还控制了它的单独项，以及它和 $\ln A_{TS}$ 的交互项，以确保得到的其

余两个交互项 $\ln A_{TS} \times FERR$ 和 $\ln A_{TS} \times FERR \times l.d\_surp$ 的估计一致性。$\ln A_{TS}$ 的系数 γ_1 衡量的是浮动汇率制度下,可贸易部门相对生产率进步对可贸易部门就业份额产生的影响。对此,我们模型中并没有给出先验的预测。其次,$\gamma_1 + \gamma_2$ 和 $\gamma_1 + \gamma_2 + \gamma_3$ 分别度量的是在固定汇率制度下,非盈余国和盈余国的工业部门就业弹性。按照 H3.1 推测,γ_2 应该不显著,而 γ_3 应显著为正。

回归结果为表 3-6。可以看到,γ_1 在几种汇率制度定义下,始终显著为负,这意味着浮动汇率制度下,可贸易部门(相对于不可贸易部门)的生产率进步将挤出可贸易部门就业。与 H3.1 预测一致,在各种汇率制度定义下,γ_2 始终不显著,而在除 LS 外的其余四种定义下,γ_3 始终显著为正。将 γ_1、γ_2、γ_3 值代入,可知固定汇率制度下工业部门就业也会随着可贸易部门相对生产率进步而小幅下降。但我们模型的预测是相比于非盈余国,固定汇率制度会促进盈余国实现更快的工业部门扩张,即关键反映在系数 γ_3 上。以 IRR 分类法的结果为例,若一国相对生产率进步 10%,那么对于那些采取固定汇率制度的国家,盈余国的工业部门就业扩张会比赤字国高出 1.7%。此外,一个顺带的结论是,在同等程度的相对生产率进步条件下,固定汇率制度下的工业部门就业份额会比浮动汇率制度下高出 0.8%。

表 3-6　固定汇率制度在盈余国可创造更多的可贸易部门就业

因变量 $\ln ind\_emp$	(1) IMF	(2) RR	(3) IRR	(4) LS	(5) JS
$\ln A_{TS}$	−0.367***	−0.436***	−0.429***	−0.369***	−0.367***
	(0.021 9)	(0.023 2)	(0.024 7)	(0.025 5)	(0.023 0)
$\ln A_{TS} \times FERR$	0.034 2	0.014 7	−0.024 4	−0.027 3	−0.038 8
	(0.034 9)	(0.038 3)	(0.032 2)	(0.024 5)	(0.027 1)
$\ln A_{TS} \times FERR \times l.d\_surp$	0.097 9**	0.125**	0.174***	0.010 1	0.082 0**
	(0.046 1)	(0.051 3)	(0.045 6)	(0.037 3)	(0.038 1)
$FERR$	−0.008 73	0.008 95	−0.040 0***	0.011 4	0.023 2**
	(0.012 3)	(0.012 2)	(0.012 3)	(0.010 2)	(0.010 7)
$l.d\_surp$	0.019 3**	0.016 7*	0.016 1	0.008 19	0.012 5
	(0.009 70)	(0.009 74)	(0.009 88)	(0.009 55)	(0.009 30)
$\ln A_{TS} \times l.d\_surp$	0.002 07	0.036 6*	0.010 9	0.015 0	−0.007 54
	(0.023 9)	(0.022 1)	(0.023 4)	(0.027 9)	(0.024 1)
国家固定效应	Y	Y	Y	Y	Y
年份固定效应	Y	Y	Y	Y	Y
常数项	3.163***	3.172***	3.183***	3.166***	3.158***
	(0.015 5)	(0.015 0)	(0.015 6)	(0.014 1)	(0.014 0)
样本量	163 9	159 2	156 1	131 5	150 0
R-squared	0.895	0.904	0.906	0.922	0.913

注：标准误报告在括号里。*、** 和 *** 分别代表在 10%、5% 和 1% 的水平上显著。

H3.2 强调的是出口部门占可贸易部门的比例。对此，我们将式（3.27）中的 $l.d\_surp$ 换成 $l.exp\_ind$，然后重新进行回归，结果列于表 3-7。相较于表 3-6，$\ln A_{TS}$ 和 $\ln A_{TS} \times FERR$ 的系数几乎没有明显变化。此外，在 IMF、RR 和 IRR 分类法的汇率制度定义下，与 H3.2 猜测假说推论一致，$\ln A_{TS} \times FERR \times l.exp\_ind$ 的系数均显著为正。并且随着出口部门占比每提升 10%，固定汇率制度的效果将增强 0.1%～0.2%。平均而言，相对劳动生产率每进步 10%，相较于浮动汇率制度，固定汇率

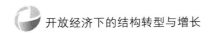

制度下的工业部门就业会高出 0.9%（IMF）至 1.8%（IRR）。

表 3-7　出口部门占比提高将强化固定汇率制度的可贸易部门就业扩张效果

因变量 $\ln ind\_emp$	(1) IMF	(2) RR	(3) IRR	(4) LS	(5) JS
$\ln A_{TS}$	-0.385^{***}	-0.414^{***}	-0.414^{***}	-0.421^{***}	-0.402^{***}
	(0.025 4)	(0.030 8)	(0.032 8)	(0.034 0)	(0.029 6)
$\ln A_{TS} \times FERR$	0.047 2	$-0.012 1$	$-0.062 6$	0.013 8	0.014 1
	(0.033 8)	(0.046 0)	(0.040 4)	(0.034 1)	(0.034 2)
$\ln A_{TS} \times FERR$ $\times l.exp\_ind$	$0.011 9^{**}$	$0.013 3^{*}$	$0.022 8^{***}$	$-0.008 24$	$-0.004 43$
	(0.005 64)	(0.007 33)	(0.007 40)	(0.007 45)	(0.007 13)
$FERR$	$-0.010 9$	0.006 86	$-0.036 4^{***}$	0.008 26	$0.022 0^{**}$
	(0.012 2)	(0.012 2)	(0.012 2)	(0.010 3)	(0.010 8)
$l.exp\_ind$	$-0.001 69$	$-0.002 80$	$-0.000 659$	$-0.005 17^{**}$	$-0.003 44$
	(0.002 16)	(0.002 69)	(0.002 69)	(0.002 56)	(0.002 27)
$\ln A_{TS} \times l.exp\_ind$	$0.006 30^{*}$	0.000 226	$-0.004 10$	$0.015 1^{***}$	$0.012 5^{**}$
	(0.003 55)	(0.005 46)	(0.005 69)	(0.005 82)	(0.005 12)
国家固定效应	Y	Y	Y	Y	Y
年份固定效应	Y	Y	Y	Y	Y
常数项	3.184^{***}	3.196^{***}	3.204^{***}	3.193^{***}	3.176^{***}
	(0.017 4)	(0.017 2)	(0.017 6)	(0.016 5)	(0.016 1)
样本量	1 608	1 572	1 542	1 288	1 470
R-squared	0.896	0.903	0.904	0.920	0.911

注：标准误报告在括号里。＊、＊＊和＊＊＊分别代表在 10%、5% 和 1% 的水平上显著。

3.4.4　固定汇率制度促进盈余国经济增长

H4.1 预测当一国可贸易部门发生生产率进步时，对于那些盈余国家，相比于浮动汇率制度，固定汇率制度可带来更高的经济增速。为检验 H4.1，我们将式（3.27）中的被解释变量换为 $\ln(rgdppc)$，同时在等号右边加入滞后项 $\ln(l.rgdppc)$ 以更贴合增长方程，结果列在表 3-8。在 IMF、LS 和 JS 定义下，$\ln A_{TS}$ 的系数显著为正，意味着在这三种定义下，对于那些采取浮动汇率制度的国家来说，可贸易部门的相对生产率进步可以带动经济增长。$\ln A_{TS} \times FERR$ 和 $\ln A_{TS} \times l.d\_surp$ 的系数大多不显著，这表明固定汇率制度或是经常账户盈余本身并无助于增长。然而，我们的推论真正需要对应的是 $\ln A_{TS} \times FERR \times l.d\_surp$ 系数。可以看出，它在所有回归中均显著为正，这表明固定汇率制度对经济增长的促进作用只有在那些盈余国家才成立。具体而言，相对生产率每进步 10%，在那些采取固定汇率制度的国家中，盈余国的经济增速会比赤字国高出 $0.2\% \sim 0.4\%$。$\ln A_{TS} \times FERR$ 和 $\ln A_{TS} \times FERR \times l.d\_surp$ 系数之和为正，表明平均而言，固定汇率制度的增长效果强于浮动汇率制度。

表 3-8　固定汇率制度下盈余国增速更快

因变量 $\ln(rgdppc)$	(1) IMF	(2) RR	(3) IRR	(4) LS	(5) JS
$\ln A_{TS}$	0.030 0***	0.000 980	0.005 22	0.026 9***	0.023 3***
	(0.007 16)	(0.006 16)	(0.006 50)	(0.009 09)	(0.007 93)
$\ln A_{TS} \times FERR$	0.004 06	−0.016 3	−0.010 6	−0.009 39	−0.006 67
	(0.011 2)	(0.010 0)	(0.008 46)	(0.008 63)	(0.008 83)
$\ln A_{TS} \times FERR \times l.d\_surp$	0.024 1*	0.038 7***	0.022 7**	0.030 9***	0.024 6**
	(0.013 4)	(0.013 1)	(0.011 1)	(0.011 5)	(0.012 5)

续表

因变量 ln ($rgdppc$)	(1) IMF	(2) RR	(3) IRR	(4) LS	(5) JS
$FERR$	0.015 4 ***	0.004 42	0.001 30	0.015 7 ***	0.015 4 ***
	(0.003 99)	(0.003 24)	(0.003 26)	(0.003 68)	(0.003 76)
$l.d\_surp$	0.006 84 **	0.007 11 ***	0.005 93 **	0.010 0 ***	0.009 29 ***
	(0.003 14)	(0.002 54)	(0.002 57)	(0.003 41)	(0.003 26)
$\ln A_{TS} \times l.d\_surp$	0.016 5 **	0.005 70	0.008 01	−0.003 78	0.004 70
	(0.007 38)	(0.005 60)	(0.005 74)	(0.008 77)	(0.007 63)
$\ln (l.rgdppc)$	0.923 ***	0.962 ***	0.965 ***	0.921 ***	0.912 ***
	(0.008 17)	(0.006 84)	(0.007 01)	(0.009 91)	(0.008 91)
国家固定效应	Y	Y	Y	Y	Y
年份固定效应	Y	Y	Y	Y	Y
常数项	0.758 ***	0.400 ***	0.373 ***	0.765 ***	0.854 ***
	(0.077 2)	(0.065 2)	(0.066 7)	(0.092 6)	(0.083 2)
样本量	1 626	1 591	1 560	1 314	1 495
R-squared	0.998	0.999	0.999	0.998	0.998

注：标准误报告在括号里。*、** 和 *** 分别代表在 10%、5% 和 1% 的水平上显著。

另外两个有意思的结论是关于贸易盈余和固定汇率制度的单独效果。我们看到贸易盈余对增长有明显的促进作用，并且这一结果在各种汇率制度定义下均成立。平均而言，盈余国的增长率会比赤字国高出 0.6%～1.0%。此外，在 IMF、LS 和 JS 定义下，固定汇率制度表现出对增长的明显带动作用。然而，这一结论在另外两种定义（RR 和 IRR）下却并不成立。这一发现也和以往文献结论一致，即固定汇率制度本身的增长效果并无定论。

H4.3 预测固定汇率制度对经济增长的作用应该在发展中国家更为显著。这里区分发展中国家和发达国家的主要理论依据就是模型中用到的可贸易部门初始单位劳动力成本 ω^0，即 $\omega = w/A_T = p/A_{TS}$。图 3 - 2 是按照世界银行收入划分的四组国家（低收入组，L；中低收入组，LM；中高收入组，UM；高收入组，H）的 $\ln(RER/A_{TS})$ 核密度（kernel density）分布图。由于 $\ln RER$ 正比于 $\ln p$，因此这些分布也就能代表 $\ln(\omega)$ 的分布。可以发现，随着收入增加，分布明显右移，这表明低收入国家单位劳动力成本明显低于高收入国家。这也使得我们可以在实证中，做发展中国家和发达国家的子样本划分。

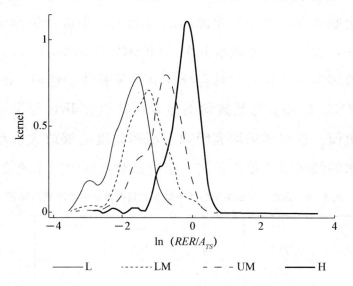

图 3 - 2　$\ln(RER/A_{TS})$ 核密度分布图（按收入组）

资料来源：WDI 数据库和 PWT9.0。

表 3 - 9 的回归表达式与表 3 - 8 一致，不过样本换成了发展中国家的子样本。此时 $\ln A_{TS}$ 的系数只有在 IMF、LS 和 JS 定义下才显著。而 $\ln A_{TS} \times FERR$ 的系数大多显著为负，意味

开放经济下的结构转型与增长

着在那些有经常账户赤字的发展中国家中，固定汇率制度往往不利于经济增长，这一点也可以从 $\ln A_{TS} \times l.d\_surp$ 的正号系数中得到佐证。与表 3-8 结果类似，$\ln A_{TS} \times FERR \times l.d\_surp$ 前面系数在所有回归中均显著为正。这些估计结果与表 3-10 中的发达国家子样本结果形成了鲜明对比。在发达国家中，$\ln A_{TS}$ 的系数在所有回归中均不显著，这表明相对劳动生产率对经济增长的促进作用只在发展中国家显著成立。从另一个角度理解，也就是说，发达国家的经济增长更多是由服务业，而非工业部门的劳动生产率进步带动的。除此之外，表 3-10 还显示 $\ln A_{TS} \times FERR$ 和 $\ln A_{TS} \times l.d\_surp$ 的系数多为正，且有时具有统计上的显著性。然而，$\ln A_{TS} \times FERR \times l.d\_surp$ 的系数均不显著，甚至在 IRR 分类法定义下为负值。这些结果均表明固定汇率制度能够放大劳动生产率带来的经济增长效果，这一结论只对发展中国家成立。

表 3-9　固定汇率制度下的经济增长效果在发展中国家更为显著

因变量 ln（rgdppc）	(1) IMF	(2) RR	(3) IRR	(4) LS	(5) JS
$\ln A_{TS}$	0.039 1***	0.005 27	0.012 4	0.040 7***	0.035 3***
	(0.009 67)	(0.008 55)	(0.008 90)	(0.012 0)	(0.010 6)
$\ln A_{TS} \times FERR$	−0.001 06	−0.029 7**	−0.023 2***	−0.022 1*	−0.020 0*
	(0.015 5)	(0.014 4)	(0.010 8)	(0.011 6)	(0.011 7)
$\ln A_{TS} \times FERR \times l.d\_surp$	0.033 6*	0.044 1**	0.034 8**	0.042 6**	0.035 6*
	(0.018 5)	(0.020 9)	(0.017 1)	(0.016 7)	(0.019 7)
$FERR$	0.027 6***	0.007 07	0.007 20	0.026 4***	0.023 0***
	(0.006 62)	(0.005 95)	(0.005 88)	(0.006 05)	(0.006 21)

续表

因变量 ln（$rgdppc$）	(1) IMF	(2) RR	(3) IRR	(4) LS	(5) JS
$l.d\_surp$	−0.006 85	−0.006 42	−0.008 49**	−0.007 53	−0.006 91
	(0.005 04)	(0.004 24)	(0.004 28)	(0.005 53)	(0.005 41)
$\ln A_{TS} \times l.d\_surp$	0.023 6**	0.012 6	0.014 8*	0.000 981	0.011 2
	(0.010 7)	(0.007 69)	(0.007 75)	(0.012 1)	(0.010 9)
ln（$l.rgdppc$）	0.922***	0.967***	0.967***	0.925***	0.910***
	(0.011 5)	(0.009 97)	(0.009 82)	(0.014 1)	(0.012 6)
国家固定效应	Y	Y	Y	Y	Y
年份固定效应	Y	Y	Y	Y	Y
常数项	0.729***	0.347***	0.347***	0.690***	0.825***
	(0.101)	(0.0876)	(0.0861)	(0.123)	(0.110)
样本量	953	872	856	774	889
R-squared	0.994	0.997	0.997	0.995	0.995

注：本回归仅针对发展中国家的子样本。标准误报告在括号里。＊、＊＊和＊＊＊分别代表在 10％、5％和 1％的水平上显著。

表 3−10　固定汇率制度下的经济增长效果对于发达国家并不明显

因变量 ln（$rgdppc$）	(1) IMF	(2) RR	(3) IRR	(4) LS	(5) JS
$\ln A_{TS}$	0.012 9	0.005 19	0.002 50	−0.020 4	−0.017 8
	(0.013 0)	(0.012 2)	(0.012 9)	(0.017 1)	(0.015 0)
$\ln A_{TS} \times FERR$	−0.029 5*	0.008 64	0.025 8*	0.014 0	0.016 4
	(0.015 6)	(0.017 8)	(0.014 4)	(0.016 8)	(0.020 2)
$\ln A_{TS} \times FERR \times$ $l.d\_surp$	0.025 1	0.011 8	−0.016 1	0.003 61	−0.013 7
	(0.018 7)	(0.018 9)	(0.016 5)	(0.019 1)	(0.020 5)
$FERR$	−0.002 34	0.002 52	0.003 15	0.005 41	0.005 73
	(0.003 78)	(0.004 04)	(0.003 98)	(0.004 10)	(0.004 27)
$l.d\_surp$	0.006 38**	0.007 16**	0.005 82**	0.009 86***	0.007 39**
	(0.002 72)	(0.002 84)	(0.002 86)	(0.003 54)	(0.003 21)

续表

因变量 ln（$rgdppc$）	（1） IMF	（2） RR	（3） IRR	（4） LS	（5） JS
lnA_{IS}×$l.d\_surp$	0.017 0*	0.013 9	0.021 0**	0.021 2	0.031 3***
	(0.009 53)	(0.009 03)	(0.009 71)	(0.013 3)	(0.010 1)
ln（$l.rgdppc$）	0.929***	0.929***	0.935***	0.900***	0.915***
	(0.015 3)	(0.012 8)	(0.012 7)	(0.017 2)	(0.014 8)
国家固定效应	Y	Y	Y	Y	Y
年份固定效应	Y	Y	Y	Y	Y
常数项	0.753***	0.764***	0.696***	1.047***	0.901***
	(0.158)	(0.133)	(0.131)	(0.176)	(0.152)
样本量	673	719	704	540	606
R-squared	0.995	0.995	0.995	0.993	0.994

注：本回归仅针对发达国家的子样本。标准误报告在括号里。*、** 和 *** 分别代表在 10%、5%和1%的水平上显著。

3.5　基于中国数据的数值模拟

中国过去几十年取得的辉煌成就可以说是出口导向型增长模式最成功的代表之一。与此同时，中国也为固定汇率制度如何促进经济增长提供了极佳的注脚。在本节中，我们将前面的实证结果用中国历史数据进行数值模拟，以考察在工业部门劳动生产率快速提升阶段，固定汇率制度是如何导致实际汇率被低估，以及如何通过压低工资增长以实现经济加速增长的。

在此之前，有必要简单介绍一下改革开放以来中国实行过的汇率制度。大体而言，可分为三个阶段（见图 3 - 3）：

（1）1979—1993 年转轨经济时期的双重汇率制。（2）1994—2005 年采用事实上钉住美元的单一汇率制。1994 年 1 月 1 日，人民币官方汇率与调剂汇率并轨，事实上是实行了钉住美元的汇率制度。在此 10 年里，固定汇率为 1USD＝8.28CNY。（3）2005 年 7 月 22 日改革后是以市场供求为基础、参考一揽子货币进行调节的有管理的浮动汇率制。2005 年中国完善人民币汇率形成机制。人民币对美元一次性升值 2.1%，即 1USD＝8.11CNY。

由于我们的实证结果在 RR 分类法和 IRR 分类法下最为稳健，因此我们选用 RR 分类法和 IRR 分类法对中国的汇率制度进行定义。尽管在第一阶段汇率的官方价格是钉住的，但市场价格仍是自由浮动的，由此产生的结果就是那些能够拿到配额许可的出口商可以肆意赚取其中差价。正因为此，这一阶段在 RR 和 IRR 分类法定义中仍被归为浮动汇率制。在 RR 分类法和 IRR 分类法的 2008 年版分类中，中国在 1994—2007 年一直被归为固定汇率制度。尽管在最新版本中，各国汇率制度定义有细微变化，但出于口径一致的考虑，我们依旧按照 2008 年版分类法，将中国 1994—2007 年定义为固定汇率制度。

因此，我们数值模拟的时间段就定为 1994—2007 年。在此期间，中国一直采取固定汇率制度，且始终保持贸易盈余。此外，正如我们接下来要看到的，这期间内的绝大部分时间里，中国工业部门都实现了较服务业部门更快的生产率进步。

开放经济下的结构转型与增长

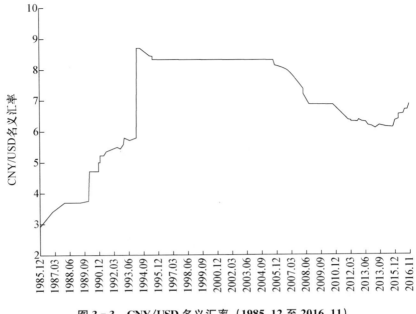

图 3-3 CNY/USD 名义汇率（1985.12 至 2016.11）

资料来源：PWT9.0。

图 3-4 分别展示了中国 1981—2008 年工业、服务业部门的劳动生产率的年均增速，以及两者之差。可以看到，工业部门的劳动生产率在早期上升迅速，并在 20 世纪 90 年代早期达到峰值。1991—1994 年，年增速均超过 13%。但在此之后，增速明显放缓。尽管如此，工业部门的年均增速始终保持在 9% 左右的高位。相比之下，服务业部门的生产率并没有表现出明显规律性，年增速均值为 7.6%。我们最关心的，还是两部门生产率增速之差——该值在 1987 年之前及 2005 年之后为负（1984 年例外），而在 1987—2004 年则保持正值。在 1987—2004 年，工业部门的相对生产率增速优势明显，而就

70

整个区间段而言，工业部门生产率增速比服务业部门平均高出 4.2%。

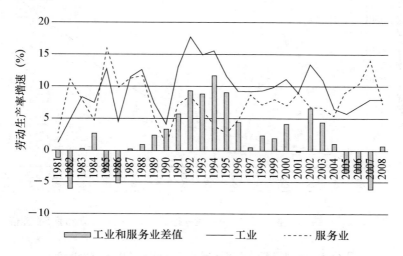

图 3-4 分部门劳动生产率增速（1981—2008 年）

资料来源：WDI 数据库。

图 3-5 显示了 1980—2008 年工业、服务业两部门，以及两者之差的劳动生产率指数累计增速。总体而言，两部门的生产率进步是显著的，以服务业部门为例，2008 年时单位劳动力的生产率几乎相当于 1980 年工人劳动生产率的 8 倍，而在工业部门，这一倍数更是达到了 12。从图上看，20 世纪 90 年代早期可以视为一个分水岭。在此之前，两部门劳动生产率差距几乎保持稳定，但在此之后直到 2005 年之后这一差距已经扩大至初始值的 2 倍。2005 年后，由于工业部门劳动生产率增速低于服务业部门，因此两部门劳动生产率差距有所收窄。

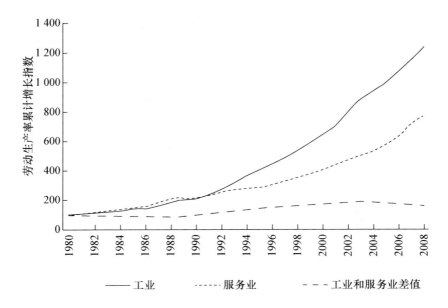

图 3-5　分部门劳动生产率累计增长指数（1980—2008 年）

注：假定 1980 年为 100。
资料来源：World Development Indicators. [EB/OL]. https://datacatalog. worldbank. org/dataset/ world-development-indicators.

　　由我们理论和实证部分的分析可知，工业和服务业部门间如此大的劳动生产率差距会使得固定汇率制度下发生对实际汇率的低估并实现经济增速提升，但是代价是工资增速被抑制。

　　基于表 3-10 结果，我们首先计算假若 1994—2007 年中国实行的不是固定汇率制度，而是浮动汇率制度，所对应的实际汇率增速值：

$$d\ln X^{simu} = d\ln X^{actual} + \Delta\eta \times d\ln A_{TS} \tag{3.28}$$

　　式中，X 为我们关心的变量。以实际汇率计算为例，那么 $X = RER$。上标 $simu$ 表示该变量的数值模拟结果，而上标

actual 则是实际值。由于 1994—2007 年中国实际上执行的是固定汇率制度，因此，实际值对应的就是固定汇率制度下的变量值。而方程中的 $\Delta\eta$ 对应浮动汇率制度和固定汇率制度间的弹性之差。以实际汇率计算为例，$\Delta\eta = \hat{\eta}_{float} - \hat{\eta}_{FERR}$，其中 $\hat{\eta}_{float}$ 和 $\hat{\eta}_{FERR}$ 分别是浮动汇率制度和固定汇率制度下的巴萨效应弹性。在式（3.25）中，$\Delta\eta$ 就是 $-\eta_2$。由式（3.25）对应的回归表 3-3 可知，RR 和 IRR 分类法定义下的 $\Delta\eta$ 分别为 0.13 和 0.21。

事实上，1994—2007 年，中国实际汇率年均升值 4.78%。与此同时，工业部门相对于服务业的劳动生产率年均增长 1.50%。由式（3.28）可推得，若在此期间中国实行的是浮动汇率制度，那么实际汇率升值幅度会比实际的固定汇率制度下每年平均高出 0.20%（RR）和 0.32%（IRR）。图 3-6 展示了实际汇率的真实值及两组反事实数值模拟（RR：$\Delta\eta = 0.127$；IRR：$\Delta\eta = 0.213$）。结果显示，由于 1994—2007 年中国实行了固定汇率制度，实际汇率的累计指数最终实际值为 217。然而，在两组反事实模拟下，若中国当初实行的是浮动汇率制度，那么实际汇率指数会累计达到 223 和 226。尽管这一差距并不十分明显，但我们将在后续部分看到，这对实际工资增长、工业部门就业份额扩张，以及人均 GDP 增长仍有显著影响。

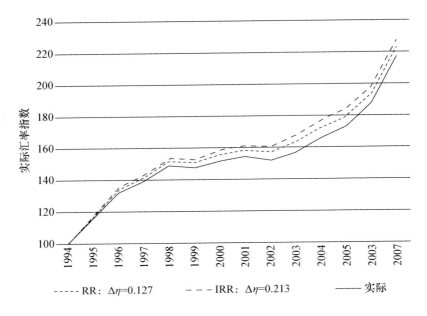

图 3 - 6　中国实际汇率指数（1994—2007 年）

注：假定 1994 年为 100。
资料来源：PWT9.0 及作者基于表 3 - 3 的计算结果。

利用表 3 - 5 结果考察固定汇率制度对工资增长的抑制效果。将式（3.28）中的实际汇率 RER 换为实际工资，我们可以得到 1994—2007 年中国的工资增速模拟值。此时，$\Delta\eta$ 对应式（3.26）中的 $-b_2$。由估计式（3.26）的回归结果表 3 - 5 出发，我们将 0.462（RR）和 0.607（IRR）作为巴萨效应弹性差代入数值模拟中。1994—2007 年，假如中国选择的是浮动汇率制度，那么实际工资年增速会是 11.75％（RR）至 12.09％（IRR）。然而真实情况是，由于实行了固定汇率制度，中国实际工资年增速仅为 10.66％，相当于压低了工资增速 1.09（RR）和 1.43（IRR）个百分点。图 3 - 7 则更为直观地展示了固定汇率制度对实际工资的抑制效果。真实值从 1994 年的 100 增长至 2007 年的 378（均为指数），分别低于模拟值 9.52%（RR，2007 年指数值为 414）和 12.69%（IRR，2007 年指数值为 426）。

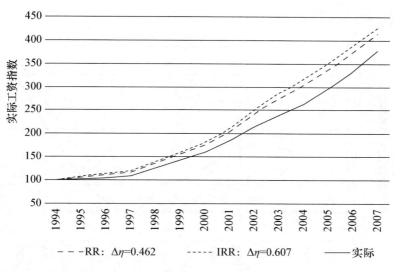

图 3-7　中国实际工资指数（1994—2007 年）

注：假定 1994 年为 100。
资料来源：PWT9.0 及作者基于表 3.5 的计算结果。

第三组模拟是针对制造业部门就业份额进行的。此时，我们将式（3.28）中的关注变量 X 换为制造业就业份额。由式（3.27）可知，$\Delta\eta$ 现在应该包含两项交互项结果，即 $\Delta\eta = -(\gamma_2 + \gamma_3)$。我们将表 3-6 结果用于数值模拟，此时，$\Delta\eta$ 分别为 -0.140（RR）和 -0.150（IRR），模拟结果和实际数据展示于图 3-8 中。可以看到，1997 年东南亚金融危机之后工业部门就业出现了明显下降，但自 2002 年中国加入世界贸易组织后，这一

数字又有了显著提升。2007 年，工业部门就业较 1994 年增长
了 4.1 个百分点（1994 年和 2007 年就业份额分别为 22.7% 和
26.8%）。数值模拟结果显示，在这 4.1 个百分点的增加中，
分别有 0.83（RR）和 0.88（IRR）个百分点的上升是由固定
汇率制度贡献的。

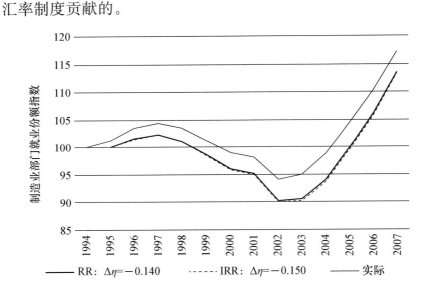

图 3-8　中国制造业部门就业份额指数（1994—2007 年）

注：假定 1994 年为 100。
资料来源：PWT9.0 及作者基于表 3.7 的计算结果。

最后，我们将目光转向实际人均 GDP（见图 3-9）。估计
式仍是式（3.28），但此时 X 代表实际人均 GDP。类似工业部
门份额的模拟计算，$\Delta\eta$ 此时仍是 $-(\gamma_2+\gamma_3)$。我们将表 3-9
结果代入数值模拟，此时，$\Delta\eta$ 分别等于 0.014（RR）和
0.012（IRR）。1994—2007 年的真实年增速为 9.43%，而在
此期间的累计增长为 3.11 倍。假如中国当初实行的是浮动汇

率制度，平均年增速会降至 8.29%（RR），并且累计增长也只能达到 2.84 倍。换句话说，如果放弃固定汇率制度，转用浮动汇率制度，中国的实际人均 GDP 会下降 8.39%。由于固定汇率制度下工资增长被抑制，因此，固定汇率制度对增长的带动作用完全体现在对资本的补贴上。

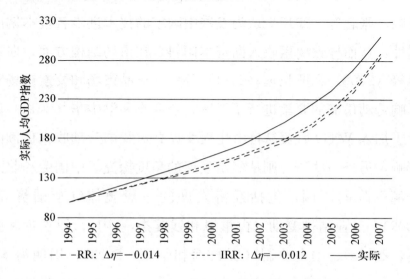

图 3-9　中国实际人均 GDP 指数（1994—2007 年）

注：假定 1994 年为 100。
资料来源：PWT9.0 及作者基于表 3-9 的计算结果。

中国在 20 世纪 90 年代早期至 2008 年发生的一个显著变化就是劳动收入占 GDP 的比重大幅下降。1996 年，劳动收入份额达到 53% 的历史峰值，但到 2007 年，这一数字已经降至 39.7%[①]。尽管从劳动收入份额下降的表象来看，我国与一些

―――――――――

① 数据来源于国家统计局资金流量表。

国家相似，但趋势性变化背后的驱动因素和经济机制却可能有所差别。对于我国近年来劳动收入份额的变化，现有研究主要从技术因素、市场结构和经济发展等三个方面进行了分析（白重恩和钱震杰，2010）。在技术因素方面，黄先海和徐圣（2009）发现劳动收入份额的变化受到劳动集约型技术进步的影响，张莉等（2012）认为发展中国家的技术进步有资本偏向属性，从而导致要素收入向资本倾斜。在市场结构方面，白重恩等（2008）和罗长远（2011）分别从产品市场和要素市场对影响劳动份额的要素进行了考察，余淼杰和梁中华（2014）讨论了加入 WTO 后贸易自由化程度提高对我国劳动收入份额的影响。另外一些研究则从经济发展的角度探究了中国劳动收入份额下降的原因，包括经济发展的一般规律（李稻葵等，2009）、产业结构变动（白重恩和钱震杰，2010；罗长远和张军，2009a）、国企改制（罗长远和张军，2009b；周明海等，2010）、金融发展与融资约束（Song et al.，2011；罗长远和陈琳，2012）等。这些解释都有其合理性，但本书给出的一种解释是固定汇率制度一方面抑制了工资增长，另一方面提高了经济增速，这相当于分别一减一增劳动份额的分子、分母。我们在 RR 分类法下的数值模拟结果显示，在劳动收入份额下降的 13.7 个百分点中，固定汇率制度可以解释其中的 3.02 个百分点。

3.6　小结

通过建立一个两部门的小国开放模型，我们说明了假定存在名义工资黏性时，若一国可贸易部门有相对更快的生产率进步，则固定汇率制度会抑制巴萨效应。基于这一基本结论，我们进一步推演出固定汇率制度对实际工资、部门劳动力配置以及经济增长的影响。同时，我们还发现一些其他基本面因素，包括外部收支头寸、出口部门占可贸易部门比重及发展阶段，都会与汇率制度选择发生交互影响效果。实证部分中，我们利用 WDI 数据库和 PWT 的数据对模型给出的假设进行了一一检验，发现基于 RR 和 IRR 这两组最全面的实际汇率制度分类法的实证结果很好地支持了理论部分假设。

现实中我们看到，很多外围国家为了通过扩大出口以达到更快的增长目标，往往倾向于将本国货币钉住以美国为代表的中心国货币（Dooley et al.，2003）。回顾历史，不难发现符合这种描述的主要外围国家包括布雷顿森林体系时期的日本和德国，20 世纪 80 年代、90 年代的"亚洲四小龙"，以及今天的中国。除此之外，还有新加入欧元区的那些东欧国家。尽管我们的结论——实际汇率低估在一定条件下可以促进经济增长在文献中并不鲜见，但本章所述的汇率低估对经济增长的促进作用机制却是在以往文献中被忽视的，即固定汇率制度可以抑制巴萨效应。并且，从本章结果来看，执行固定汇率制度的上述国家之所以能够取得成功，与它们各自良好的经济基本面因素是分不开的，尤其表现在可贸易部门的强劲生产率进步。从这个意义上来说，本章结论能够对实际汇率管理的相关政策有所启示。

首先，本章结论支持了艾彻格林（Eichengreen，2007）有关实际汇率操纵的评价，即只有在一国具备良好经济基本面准备时，实际汇率管理才能发挥作用。具体而言，本研究发现实际汇率低估能否发挥有效作用，很大程度上取决于一国可贸易部门，尤其是工业部门是否具备较不可贸易部门更高的劳动生产率，只有当答案是肯定时，实际汇率低估才能起到对可贸易部门补贴的作用。

其次，由于经济基本面因素不可忽视，因此实际汇率操纵政策必须是视具体情况而定的。从数据上看，即使在发展中国家内部，也并非所有国家的可贸易部门劳动生产率进步均快于不可贸易部门，这也意味着选择何种汇率制度必须审时度势，依据本国具体经济基本面因素量身定制。但也必须指出，现实情况是一旦一国已经开始执行某种汇率制度了，就很难做出改变。依据经济基本面因素灵活调整汇率制度，这句话知易行难，或许也能用于解释为何实证中常发现固定汇率制度有损于经济增长。

再次，一国的发展阶段也是决定固定汇率制度是否会造成对实际汇率低估的重要因素。在这方面，相较于发达国家，发展中国家具有两方面的优势：一是大部分发展中国家仍处于工业化进程之中，因此可贸易部门生产率进步速度往往更快。换句话说，发展中国家更具备从固定汇率制度中获益的先决条件。二是由于发展中国家国内市场摩擦更大，表现为更加严重的工资黏性，这就使得即使在同等程度的相对生产率进步条件下，因固定汇率制度造成的对实际汇率的低估也会在发展中国家相对较大。

表3-11给出了不同收入国家组在本章关注基本面变量上表现的比较。可以看出，最低收入和最高收入国家的相对生产率进步最快，这意味着这两组国家面临的实际汇率升值压力也更大。此外，毫无意外，随着收入水平的提升，其农村人口占比逐渐下降，回顾相关推论，这意味着在同等程度的生产率进步条件下，发展中国家如果采取固定汇率制度，将比发达国家实现更大幅度的对实际汇率的低估。同时，我们反复强调的是，一国基本面因素对于固定汇率制度成效的影响，其中最为重要的因素包括：一国贸易盈余头寸、出口部门占可贸易部门的比例和一国单位劳动力成本。表3-11的后三列清楚地表明，发展中国家普遍拥有较大的出口部门，同时单位劳动力成本也更低，并且这种排序都是随着收入增加而呈单调变化趋势。但在"贸易盈余/GDP"这一项上，发展中国家的表现却

不尽如人意。除高收入国家组外，其余三组国家平均来说都是经常账户赤字国，这可能与其举借外债有关。这也说明，固定汇率制度并非一个适用于所有国家的制度选项——生产率的进步和良好的基本面因素准备，两大条件缺一不可。

表 3－11　不同收入阶段国家基本面因素变量对比

收入分类	$d\ln A_{TS}$	农村人口占比	贸易盈余/GDP（%）	出口产值/工业部门增加值	$\ln\omega$
L（低收入）	0.019 4	0.69	−15.99	5.52	−1.86
LM（中低收入）	0.002 0	0.51	−11.15	4.84	−1.32
UM（中高收入）	0.008 6	0.36	−3.37	3.43	−0.89
H（高收入）	0.014 8	0.23	4.98	3.15	−0.25
总体平均	0.009 8	0.45	−7.05	4.39	−0.91

资料来源：WDI 数据库。

最后，本研究结果也为评价中国的固定汇率制度得失提供了一个可量化的框架。正如本章第 5 节数值模拟部分的结果所示，中国在 1994—2007 年，通过实行固定汇率制度，取得了更快的经济增长。然而，这一成就背后的代价是实际工资增速被抑制，两者共同造成了劳动收入份额占 GDP 比例不断下滑。但是，从 2005 年起，中国的工业部门生产率增速不及服务业部门，这也意味着此后固定汇率制度在拉低中国的经济增速。因此，更为灵活的汇率制度或将成为更佳选择。

第4章　经常账户失衡与"配置之谜"

4.1　引言

传统的宏观经济理论告诉我们，当一国由于全要素生产率（total factor productivity，TFP）的永久性提高而加速发展时，该国会倾向于吸引更多的国外资本（Obstfeld and Rogoff，1997）。但实证结果表明，上述结论只局限于发达国家。对于发展中国家来说，一国的经济增长率与经常账户/GDP 值之间常常表现为正相关关系（Gourinchas and Jeanne，2005；Prasad et al.，2007）。Gourinchas 和 Jeanne（2005）将这种在发展中国家观察到的"异常现象"称为"配置之谜"。至于产生"配置之谜"的原因，他们没有给出严谨的解释，而是从国内储蓄行为、金融摩擦，以及可贸易部门和不可贸易部门间的生产率差异等角度提供了一些猜测性想法。

从理论的角度看，"配置之谜"的本质是，发展中国家的实证结果无法用传统理论来解释。而传统理论依赖的一个重要假设是永久家户，在此设定下，拥有更高的增长率意味着将增加本国 GDP 占世界总产出的份额，而当家户预期到这一变化时，他们会在当期增加借贷（Engel and Rogers，2006），因此，增长率和净储蓄（经常账户余额）之间应当为负相关关系。但事实上，与传统理论预测相悖的实证结果不止出现在发展中国家，在英国、美国经济起飞阶段，其经常账户余额与经济增长率都在很长一段时间内呈正相关关系。如图 4 - 1

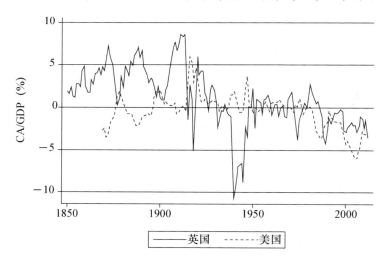

图 4 - 1 美国、英国经常账户余额（1850—2011 年）

资料来源：1850—1980 年数据来自 Taylor，2002；1981—2011 年数据来自 IMF 的 IFS（International Financial Statistics）数据库。

所示，除去第一次世界大战期间，在 1850—1930 年的大部分时间内英国都保持着经常账户盈余。而美国尽管这一时段要短一些，但也在 1920—1980 年的绝大部分时间都处于经常账户盈余状态。这些现象都是依赖永久家户假设的传统模型所无法解释的。

为了解决这一问题，一个可能的办法是放弃永久家户假设，转而采用生命周期假设（the life-cycle hypothesis，LCH）（Modigliani，1970）。在此框架下，一国的储蓄率是当期经济增长率的增函数，因此，当生产率的永久性提高导致经济增长率提高时，该国的净储蓄率或经常项目盈余，可能随着长期经济增长率的提高而提高[①]。具体而言，本书基于生命周期假设，试图在两期世代交叠（overlapping generation，OLG）模型下解释"配置之谜"。模型中青年人无弹性地供给劳动，工资所得用于本期消费以及储蓄；老年人不工作，其消费完全依赖于年轻时的储蓄积累。在规模报酬不变的生产函数，以及具有不变相对风险规避（constant relative risk aversion，CRRA）系数的效用函数的假设下，给定利率水平，LCH 的经典结论成立，即每期的社会储蓄率——青年人的储蓄减去老年人的消费——是当期经济增长率倒数的线性递减函数，或当期经济增长率的递增凹函数。在生产面，给定利率时，资本存量正比于当期增长率，因此，投资率也是当期经济增长率倒数的线性递

---

① 本文中如无特殊说明，均认为 TFP 的永久性上升等价于长期经济增长率的上升。

减函数，或当期经济增长率的递增凹函数。这样，作为储蓄率与投资率之间的缺口，一国的资本过度供给/GDP 值（资本过度供给率）也是增长率的递增凹函数，但具有和储蓄率不同的斜率。由于资本过度供给率是利率的增函数，因此在封闭的条件下，增长率越高的国家在转移路径上会有更低的国内利率。但是，在稳态上，净储蓄率和投资率收敛到增长率的相同函数，因而，增长率和利率对资本过度供给率的影响分离，利率是和增长率无关的常数。

推广到多国开放模型，稳态上的世界利率水平和各国增长率无关，但转移路径上的世界利率水平取决于各国增长率。因此，只有转移路径上的经常账户变化才对我们的研究有意义。由于封闭经济条件下增长更快的国家拥有更低的国内利率，因此，一旦开放，资金将从这些国家流出，在实物层面上，则表现为这些国家经常账户盈余的增加。

值得注意的是，我们的模型并不像有的学者提出的那样，认为一国的经常项目余额与其长期增长率之间存在正的线性关系（Gourinchas and Jeanne，2005），而是认为增长率越快的国家越可能成为资本输出国，但输出的数量和增长率之间不存在稳定的关系。然而，即便如此，我们的结论也和在发达国家发现的情况不符。例如，美国在 20 世纪 90 年代和 21 世纪前十年的增长速度高于大多数发达国家，但美国是资本净吸收国，而增长较慢的日本和德国却是资本输出国。对于这一现象，我们给出以下两种解释：

第一种解释，金融市场效率可能是一个影响因素。一国金融体系越不发达，本国居民越倾向于到其他国家寻求投资机会。但是，如果所有国家的金融体系效率都是接近相似的，那么此时金融因素就不再是影响经常账户的因素，这也意味着，金融体系效率的相对差异——而非其绝对水平——影响资本流向（Caballero et al.，2008；Gourinchas and Jeanne，2005；Prasad et al.，2007）。对应到实际情况，发展中国家的金融体系尽管普遍效率较低，但都相差不大，异质性更多地反映在发展中国家和发达国家之间的对比上，这将影响到两类国家间经常账户的情况。此外，在发达国家内部，增长较快的国家往往也在金融方面具有优势（例如，美国在 20 世纪 90 年代的情况），增长效应因此可能被金融效应所抵消。

第二种解释，贸易伙伴国的加权平均增长率可能是另一个影响因素。一国的经常账户余额是该国与多个贸易伙伴国贸易往来的净效果，而仅从一国经常账户数据上看，我们无法获知其失衡主要产生于与哪些国家之间的贸易往来。换句话说，两国经常账户余额的相对大小，不仅取决于这两国的相对增长率，还取决于各自的贸易伙伴国的构成。一个国家虽然有更高的增长率，但如果它的主要贸易伙伴国增长速度更快，则该国可能反而有较低的经常账户余额。

本书采用的数据库是在普拉萨德等人（Prasad et al.，

2007）提供的样本的基础上扩展而来的，共由 76 个发展中国家和 40 个发达国家构成，时间跨度为 1980—2011 年。和理论模型一致，我们放弃了文献中以单个国家为分析单位的线性设定，转而研究"国家对"，并采用概率模型分析两个国家经常账户的相对地位。我们的实证分析从多角度验证了理论模型的结论。全样本"国家对"的截面回归表明，增长较快的国家拥有更高的经常账户余额；当只考虑发达国家时，上述结论在控制金融市场效率和贸易伙伴国加权平均增长率后仍然成立，并且贸易伙伴国的加权平均增长率对于实证结果影响更大。除此之外，我们还以四年的平均数据构建了一套面板数据，结果显示，在控制贸易伙伴国的加权平均增长率后，经常账户余额和增长率之间仍然存在明显的正相关关系。

本书在以下几个方面对现有文献做出了贡献：（1）我们基于生命周期假设给出了对"配置之谜"的一种解释。基于我们的解释，在发展中国家观察到的情形是正常的，"配置之谜"发生在发达国家身上。我们的实证研究发现，对于发达国家而言，控制贸易伙伴国的加权平均增长率对于增长率和经常账户之间的正向关系至关重要，这也解释了为何之前的实证回归难以得到统一的结论。（2）本书的模型还从增长率差异的角度充实了我们对"卢卡斯之谜"的理解。发展中国家之所以向发达国家输出资本，一个原因可能是发展中国家普遍比发达国家增长更快。（3）我们的理论和实证结果还有助于理解

2008 年国际金融危机之前的全球经常账户失衡。我们并不否认金融系统对于各国经常账户失衡的作用，但从本书结果来看，增长率差异是造成全球经常账户失衡更为本质的原因。(4) 本书还为理解美国的巨额赤字提供了一个新的思路。尽管美国经济增长率高于其他大多数发达国家，但是，在美国的主要贸易伙伴国当中，存在一些具有更高增长率的国家，和这些国家相比，美国出现经常账户赤字就是正常的事情了。

4.2　理论模型

4.2.1　厂商行为

先考虑封闭经济下，代表性企业以柯布-道格拉斯生产函数生产一种最终消费品（GDP）：

$$Y_t = K_t^\alpha (E_t L_t)^{1-\alpha} \tag{4.1}$$

式中，K_t、L_t 分别为 t 期所使用的资本和劳动量，E_t 为劳动增强型的技术进步，Y_t 为总产出，$0 < \alpha < 1$ 为资本的产出弹性。我们将最终消费品的价格单位化为 1，并设 w_t、r_t 分别为 t 期的工资和利率。因此，t 期的企业利润表达式为：

$$\pi_t = Y_t - w_t L_t - r_t K_t \tag{4.2}$$

市场是完全竞争的,企业在给定的价格下选择劳动和资本使用量以最大化其利润。一阶条件得到以下两式:

$$w_t L_t = (1-\alpha) Y_t \qquad (4.3)$$

$$\frac{K_t}{Y_t} = \frac{\alpha}{r_t} \qquad (4.4)$$

在不考虑折旧的情形下,t 期的投资 I_t 为 K_t 和 K_{t-1} 之差,因此,当期投资率为:

$$i_t = \frac{I_t}{Y_t} = \frac{K_t}{Y_t} - \frac{K_{t-1}}{Y_t} = \frac{\alpha}{r_t} - \frac{\alpha}{r_{t-1}} \frac{1}{G_t} = \frac{\alpha}{r_t} \left(1 - \frac{r_t}{r_{t-1}} \frac{1}{G_t} \right) \quad (4.5)$$

式中,$G_{t+1} = Y_{t+1}/Y_t$,是 GDP 毛增长率。

4.2.2 消费者行为

模型中的代表性个人生活为两期,因此每期人口由两代人组成:青年人(Y)及老年人(O)。在第 t 期,青年人的数量为 L_t,每个人无弹性地提供一单位的劳动,获得工资收入 w_t,用于当期消费以及储蓄。老年人不工作,消费青年时的储蓄及其利息。假定效用函数为 CRRA 形式,那么对于一个已出生 t 期的青年人而言,其一生的效应最大化问题为:

$$\max_{c_t^Y, c_{t+1}^O} \frac{(c_t^Y)^{1-\theta} - 1}{1-\theta} + \beta \frac{(c_{t+1}^O)^{1-\theta} - 1}{1-\theta} \qquad (4.6)$$

$$\text{s. t. } c_t^Y + A_t = w_t \tag{4.7}$$

$$c_{t+1}^O = (1+r_t)A_t \tag{4.8}$$

式中，c_t^Y 和 c_{t+1}^O 分别为 t 和 $t+1$ 期的消费水平，A_t 为青年人的储蓄（也是他带入下一期的财富），β 为主观贴现率，$0 \leqslant \theta \leqslant 1$ 为相对风险规避系数。在给定工资水平的情况下，可解得：

$$c_t^Y = \frac{w_t}{1+\beta^{1/\theta}(1+r_t)^{(1/\theta-1)}}; \text{且} A_t = w_t - c_t^Y \tag{4.9}$$

$$c_{t+1}^O = \frac{[\beta(1+r_t)]^{1/\theta}w_t}{1+\beta^{1/\theta}(1+r_t)^{(1/\theta-1)}} \tag{4.10}$$

由于模型中假设仅青年人工作，那么 t 期社会净储蓄为 $(A_tL_t - A_{t-1}L_{t-1})$，即当期青年人的储蓄减去老年人的负储蓄（其工作和储蓄都发生在 $t-1$ 期）。结合式（4.9）、式（4.10），可以得到 t 期净储蓄率为：

$$
\begin{aligned}
s_t &= \frac{A_tL_t - A_{t-1}L_{t-1}}{Y_t} \\
&= (1-\alpha)\left\{\left[\frac{\beta^{1/\theta}(1+r_t)^{(1/\theta-1)}}{1+\beta^{1/\theta}(1+r_t)^{(1/\theta-1)}}\right]\right. \\
&\quad \left.\left[\frac{\beta^{1/\theta}(1+r_{t-1})^{(1/\theta-1)}}{1+\beta^{1/\theta}(1+r_{t-1})^{(1/\theta-1)}}\right]\times\frac{1}{G_t}\right\} \\
&= \varphi(r_t) - \varphi(r_{t-1})/G_t
\end{aligned} \tag{4.11}
$$

式中，$\varphi(r_t)$ 为当期青年人的储蓄率。

$$\varphi(r_t) = (1-\alpha)\frac{\beta^{1/\theta}(1+r_t)^{(1/\theta-1)}}{1+\beta^{1/\theta}(1+r_t)^{(1/\theta-1)}} \tag{4.12}$$

由式（4.12）可知，在给定利率条件下，一国储蓄率是当期 GDP 增长率的递增凹函数（具体来说是 $1/G_t$ 的线性递减函数）。有一个直观的比喻，即可以将整个 GDP 视为一张"饼"，由于老年人的负储蓄在上一期已经决定了，因此，增速越快的国家分给老年人的"饼"的比例就越小。也就是说，经济增长可以通过将"饼"做大，进而起到对负储蓄的一种"稀释"效果。

在得到储蓄率和投资率之后，资本过度供给率可以表达为：

$$es_t(G_t, r_t, r_{t-1}) = s_t - i_t$$

$$= \left[\varphi(r_t) - \frac{\varphi(r_{t-1})}{G_t}\right] - \left[\frac{\alpha}{r_t}(1 - \frac{r_t}{r_{t-1}}\frac{1}{G_t})\right]$$

$$\tag{4.13}$$

进一步，定义 $\varphi(r_t) = \varphi(r_t) - \alpha/r_t$。由于年轻人的储蓄率 $\varphi(r_t)$ 是 r_t 的增函数，所以，$\varphi(r_t)$ 也是 r_t 的增函数。上式可以变形为：

$$es_t(G_t, r_t, r_{t-1}) = \left[\varphi(r_t) - \frac{\alpha}{r_t}\right] - \left[\varphi(r_{t-1}) - \frac{\alpha}{r_{t-1}}\right]/G_t$$

$$= \varphi(r_t) - \varphi(r_{t-1})/G_t \tag{4.14}$$

显然，es_t 是 r_t 的增函数、r_{t-1} 的减函数。注意，$\varphi(r_t)$ 可

以解释为一个国家当期的资本剩余率（当期的财富总量/GDP－当期的资本形成/GDP）。这样，资本过度供给率就是当期的资本剩余率减去扣除本期经济增长之后的上期资本剩余率。

4.2.3　稳态及转移路径

假定每期的青年人 L_t 的增长率为常数 n，同时劳动增强型技术进步 E_t 的增长率为另一常数 η。定义 $G = n + \eta$，由式（4.1）至式（4.3）可得：

$$G_t = G - \frac{\alpha}{1-\alpha}\,\widehat{r_t} \tag{4.15}$$

由式（4.13）可知，稳态下的利率为一常数（记为 r^*），此时增长率对应常数 $G = n + \eta$，我们把它定义为"长期增长率"。在给定人口增长率 n 的情况下，G 由外生技术进步率决定，TFP 的永久性提升（η 提高），会使得 G 增加。

稳态下的资本过度供给率可表示为：

$$es(G, r^*) = \left(\varphi(r^*) - \frac{\alpha}{r^*}\right)\left(1 - \frac{1}{G}\right) = \varphi(r^*)\left(1 - \frac{1}{G}\right) \tag{4.16}$$

由于 $\varphi(r)$ 是 r 的单调递增函数，且 $\varphi(0^+) < 0$，$\varphi(\infty) > 0$，因此可知存在唯一解 r^*，使得 $es(G, r^*) = 0$。由式（4.16）可知，$es(G, r^*) = 0$ 等价于 $\varphi(r^*) = 0$，因而，r^* 与增长率无

关。这个结论对我们后面的讨论有很大的帮助。

下面我们考察转移路径上各期的均衡利率水平。以 r_t^* 表示 t 期的均衡利率，则我们有以下引理：

引理 1　当经济保持增长，即当 G_t 大于 1 时，$\{r_t^*\}_{t=1}^{\infty}$ 是一个以 r^* 为极限的单调递减序列。

证明：由式（4.14）可知，r_t^* 由式（4.17）决定：

$$\varphi(r_t^*) - \frac{\varphi(r_{t-1}^*)}{G_t} = 0 \tag{4.17}$$

整理得：

$$\frac{1}{G_t} = \frac{\varphi(r_t^*)}{\varphi(r_{t-1}^*)} \tag{4.18}$$

由于 G_t 大于 1，所以式（4.18）左右两边都小于 1。又由 $\varphi(.)$ 的定义可知，它是其自变量的增函数。因此，必有 $r_{t-1}^* > r_t^*$，即 $\{r_t^*\}_{t=1}^{\infty}$ 是一个单调递减序列。

由于 r_t^* 不可能等于或小于零，$\{r_t^*\}_{t=1}^{\infty}$ 必定有一个极限，因此，$\lim\limits_{t \to \infty}(r_{t-1}^* - r_t^*) = 0$。由此，$G_t$ 收敛到 G，$es_t(G_t, r_t, r_{t-1})$ 收敛到 $es(G, r^*)$，r_t^* 收敛到 r^*。证毕。

一国转移路径上均衡利率下降，背后的逻辑是，过度资本供给率是当期的资本剩余率减去扣除本期经济增长之后的上期资本剩余率。本期存在经济增长，则上期的资本剩余率必须大于本期的资本剩余率，否则过度资本供给率就不可能为零，因而利率也无法达到均衡水平。然而，资本剩余率是利率的增函数，所以上期的均衡利率一定高于本期的均衡利率。注意，由于我们的模型是两期的 OLG 模型，一期相当于现实中的 30 年左右，因此，G_t 是 30 年增长的累积，大于 1 应该是很容易满足的。在本书之后的模型中，我们假设 $G_t > 1$ 总是成立的。

由引理 1 很容易得到下面的定理 1。

定理 1　在封闭经济的转移路径上，一国增长率越高，则当期利率水平越低。

证明：由引理 1，我们有 $\varphi(r_t^*) > \varphi(r^*) = 0$ 对于任何 t 都成立。这样，$\dfrac{\partial es_t}{\partial G_t} = \varphi(r_{t-1})/G_t^2 > 0$，对式（4.14）运用隐函数定理可得：

$$\frac{\partial r_t^*}{\partial G_t} = -\frac{\partial es_t}{\partial G_t} \Big/ \frac{\partial es_t}{\partial r_t^*} = -\frac{\varphi(r_{t-1}^*)/G_t^2}{\varphi'(r_t^*)} < 0 \qquad (4.19)$$

证毕。

定理 1 背后的逻辑是：在封闭的经济条件下，一国的过度资本供给是增长率的增函数，因此，为保证国内储蓄和投资之间的平衡，增长率越高，当期利率下行的压力越大。

4.2.4　利率内生时的开放经济

在这一节我们考察包含 n 国的世界开放经济。假设资本可以自由流动，则世界上每期只有一个利率。各个国家的技术进步率、人口增长率设定及消费者问题都与封闭经济下相同。可用R_t^*代表t期的世界均衡利率。现在，一国的资本过度供给被其他的经常账户盈余所取代。以ca_t^i代表i国的经常账户盈余/GDP 值。根据对封闭经济的讨论，它是本国经济增长率及世界t期和$t-1$期利率的函数。具体为：

$$ca_t^i(G_t^i, R_t^*, R_{t-1}^*) = \varphi(R_t^*) - \varphi(R_{t-1}^*)/G_t^i, \quad i=1,$$
$$2, \cdots, n \tag{4.20}$$

第t期世界的资本出清条件为：

$$\sum_{i=1}^n ca_t^i(G_t^i, R_t^*, R_{t-1}^*) m_t^i = 0 \tag{4.21}$$

式中，G_t^i，$i=1$，2，$\cdots$，n 为该期第i个国家的增长率；$m_t^i = GDP_t^i / GDP_t^1$，$i=1$，2，$\cdots$，$n$，$GDP_t^i$ 为i国t期的 GDP。在稳态上，各期均衡利率相等，以R^*表示该利率。和在封闭经济条件下相似，这个利率满足$\varphi(R^*)=0$，因此，$R^*=r^*$，即开放经济条件下，世界的稳态均衡利率和各国封闭条件下的稳态均衡利率相等。此时，各国均不存在失衡现象。

但在达到稳态前的转移路径上，由于世界利率并不恒等于r^*，因此，各国之间可能存在外部失衡。和引理 1 平行，关于世界均衡利率我们有下面的引理：

引理 2　当所有国家经济都保持增长，即当$G_t^i>1$，$\forall i=$

1，2，…，n 时，$\{R_t^*\}_{t=1}^{\infty}$ 是一个以 r^* 为极限的单调递减序列。

证明：和封闭条件下类似，我们有：

$$\frac{\sum_{i=1}^{n} m_t^i / G_t^i}{\sum_{i=1}^{n} m_t^i} = \frac{\varphi(R_t^*)}{\varphi(R_{t-1}^*)} \tag{4.22}$$

当 $G_t^i > 1$，$\forall i = 1$，2，…，n 时，上式左边小于 1，因而，和封闭条件下类似，必有 $R_{t-1}^* > R_t^*$，$\forall i$ 其他证明和引理 1 的证明类似。证毕。

此时，将任意两国，标为国家 1 和国家 2，它们的经常账户盈余之差可以表示为：

$$ca_t^1 - ca_t^2 = -\varphi(R_{t-1}^*)\left(\frac{1}{G_t^1} - \frac{1}{G_t^2}\right) \tag{4.23}$$

不妨假设国家 1 具有更高的长期增长率（$G_t^1 > G_t^2$），则：

$$-(1/G_t^1 - 1/G_t^2) = \frac{1}{G_t^1 G_t^2}(G_t^1 - G_t^2) > 0 \tag{4.24}$$

式（4.24）的推导过程用到了式（4.17）。同时，$\varphi(R_{t-1}^*) > \varphi(r^*) = 0$，因此，国家 1 的经常账户/GDP 值高于国家 2 的经常账户/GDP 值。下面的定理 2 总结了这个结论：

定理 2　在开放经济条件下，长期增长率更高的国家会有更高的经常账户盈余（或更低的赤字）。

图 4-2 直观地说明了定理 2 背后的机制。该图显示的是由国家 1 和国家 2 构成的世界经济，国家 1 的增长率高于国家 2。在封闭经济条件下，各国的资本过度供给率在给定利率前提下是经济增长率的增函数。在开放经济条件下，资本过度供给率变成了经常项目盈余率，图中因此只显示了经常项目盈余率。由定理 1 可知，增长率更高的国家具有更低的本国利率，图 4-2 因此显示国家 1 的经常账户曲线在国家 2 的外边。一旦由封闭经济转为开放经济，资本从利率更低的国家（也是增长率更高的国家）流向增长率更低的国家，因此，世界均衡利率在两国的利率之间。在这个利率下，增长更快的国家 1 必定产生盈余，增长较慢的国家 2 必定产生逆差。

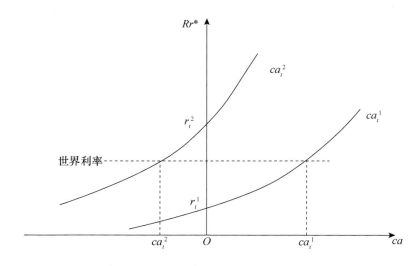

图 4-2　开放经济下的经济增长速度和经常账户

注：假设 $G_t^1 > G_t^2$；r_t^i，$i=1$，2 分别为两国封闭经济下的国内利率。

值得注意的是，定理 2 是针对任意两个国家之间的经常账户相对排序给出的结论，而不是像其他文章（如 Gourinchas and Jeanne，2005）那样，研究一国经济增长速度和它的经常账户余额之间的线性关系。如果研究这个线性关系，则根据式（4.17），我们有：

$$\frac{dca_t^i(G_t^i, R_t^*, R_{t-1}^*)}{dG_t^i} = \varphi'(R_t^*)\frac{dR_t^*}{dG_t^i} - \varphi'(R_{t-1}^*)\frac{dR_{t-1}^*}{dG_t^i}\frac{1}{G_t}$$

$$+ \varphi(R_{t-1}^*)\left(\frac{1}{G_t^i}\right)^2, \ i=1, 2, \cdots, n$$

$$(4.25)$$

式子右边，$\varphi'(R_t^*)$、$\varphi'(R_{t-1}^*)$ 及最后一项为正，但由式（4.20）可知，dR_t^*/dG_t^i 和 dR_{t-1}^*/dG_t^i 可能为负，因此，式子右边的符号是不确定的；换言之，我们无法确定经济增长速度和经常账户余额之间的线性关系。在这里，一国增长率对世界利率的影响能力可能是一个重要的决定因素。如果这个能力很差，以至于可以忽略不计，则式（4.25）右边就只剩下最后一项，此时，增长率越高则经常账户余额越大。发展中国家的金融部门落后，和世界市场的联系也不多，因此更可能符合这种情况。而发达国家，特别是像美国和英国这样的金融中心国家的情形则不同，它们对世界利率市场起主导性作用。如果它们的增长速度加快，则世界利率会降低。这样，对于这些国家而言，增长率和经常账户之间的关系就会比较弱。所以，我们的模型在一定程度上也可以解释相关研究（Gourinchas and Jeanne，2005；Prasad et al.，2007）在发展中国家和发达国家当中发现的增长率和经常账户之间的不同的线性关系。

4.3 对发达国家的解释

4.3.1 金融摩擦

在生命周期假设的框架下，我们证明了资本将从增长更快的国家流向增长较慢的国家，这符合在发展中国家观察到的情况，但仍然难以解释在发达国家观察到的现象。为此，我们在这一节将基准模型进行两点拓展，以更好地解释在发达国家观察到的现象。

从金融角度对全球经常账户失衡进行解释的文献认为，发达的金融体系是一些国家拥有巨额赤字的主要原因（Caballero et al.，2008；Mendoza et al.，1992；徐建炜和姚洋，2010）。因此，如果一国金融体系较为发达，那么即使该国经济增长较快，也可能会削弱之前有关经常账户余额与增长率之间正相关的结论的效力。可用于刻画金融摩擦的指标有很多种，本书将其抽象为借贷过程中产生的冰山成本（iceberg costs），由此产生的结果就是，虽然只有一个世界利率，但由于金融市场效率不同，各国将存在不同的借贷利率，并且，金融摩擦越严重，

借贷利率越高。现考察任意 1、2 两个国家,并且假设国家 1
的金融体系落后于国家 2,反映为:

$$r_t^1 = r_t^2 / (1 - f_{12}), \forall t \tag{4.26}$$

式中,$f_{12} \in (0, 1)$ 为常数,用于衡量两国间的相对金融摩
擦程度。f_{12} 越大,两国利率水平之比 $1/(1 - f_{12})$ 越大,意味
着两国金融体系差距越大。两国间经常账户/GDP 之差为:

$$ca_t^1(r_t^1, r_{t-1}^1, G_t^1) - ca_t^2(r_t^2, r_{t-1}^2, G_t^2)$$

$$= \left[\varphi(r_t^1) - \varphi(r_{t-1}^1) \frac{1}{G_t^1} \right] - \left[\varphi(r_t^2) - \varphi(r_{t-1}^2) \frac{1}{G_t^2} \right]$$

$$= -\varphi(r_{t-1}^1) \left(\frac{1}{G_t^1} - \frac{1}{G_t^2} \right) + \left[\varphi(r_t^1) - \varphi(r_t^2) \right]$$

$$- \left[\varphi(r_{t-1}^1) - \varphi(r_{t-1}^2) \right] \frac{1}{G_t^2} \tag{4.27}$$

上式可拆解为三个部分,以下进行一一说明。

(1) 增长率效应。

$$\text{第一项} \quad \Gamma = -\varphi(r_{t-1}^1) \left(\frac{1}{G_t^1} - \frac{1}{G_t^2} \right) \tag{4.28}$$

在国家 1 的国内利率水平下,度量仅仅受增长率差异带来的影
响,也就是不考虑金融市场效率时定理 2 中所反复讨论的机
制,该项在正当且仅当国家 1 具有更高的增长率时成立。

(2) 利率效应 I。

$$\text{第二项} \quad \Psi = \varphi(r_t^1) - \varphi(r_t^2) > 0 \tag{4.29}$$

因为国家 1 的金融体系比国家 2 的金融体系落后，所以，$r_t^1 >$
r_t^2，同时 $\varphi(.)$ 是利率的增函数。注意，两国的利率水平是在
世界利率水平上的偏离，只和两国的金融市场效率有关，而与
两国相对增长率的高低无关。国家 1 的金融市场效率较低，抑
制从储蓄向投资的转化，进而造成更高的年轻人储蓄率和更低
的投资率，这两种效果都使得国家 1 倾向于积累更高的经常账
户盈余。

（3）利率效应 Ⅱ。

$$\text{第三项}\quad \xi = -[\varphi(r_{t-1}^1) - \varphi(r_{t-1}^2)]/G_t^2 < 0 \qquad (4.30)$$

该效应反映的是利率对老年人负储蓄的影响。国家 1 的金融市
场效率相对较低，使得青年人只能将资金更多地用于储蓄，这
将推高储蓄率，但同时这部分储蓄也对应于下一期的老年人负
储蓄。因此，国家 1 也将同时面临更高的负储蓄率。

显然，当两国金融市场效率相同时，两国间的利率不存在
差异，此时利率效应 Ⅰ、利率效应 Ⅱ 都不复存在。同时可以证
明，利率效应 Ⅰ 的效果在绝对值上始终会比利率效应 Ⅱ 大。这
一点可以通过构造一个增长率相等、利率存在差异的两国经济
体来说明。由于式（4.28）对于任意两国均成立，所以如果国
家 1 的增长率恰好等于国家 2 的增长率，则式（4.28）中的增
长率效应为 0，此时两国的经常账户余额差异即为两种利率效
应的净效果。由于国家 1 各期的利率水平都高于国家 2，因
此，国家 1 必定有更高的经常账户余额比例，也就是说利率效

应的净效果大于 0。由此可见,对于任意两国,两类利率效应的净效果即可认为是当国家 1 的增长率和国家 2 相等时,仅由两国利率差异造成的经常账户余额之差。

综合上述三种效果的作用,我们给出定理 3:

定理 3 对于利率内生决定的多国开放经济,假定国家 1 的增长速度高于国家 2 的增长速度,则:(1)如果国家 1 的金融市场效率低于国家 2 的金融市场效率,那么国家 1 的经常账户盈余/GDP 值一定高于国家 2;(2)如果国家 1 的金融市场效率高于国家 2 的金融市场效率,则无法确定两国经常账户的相对大小。

定理 3 可用于解释为何在发达国家中未呈现增长率与经常账户余额之间的显著正相关性。一种可能是,一些增长较快的国家同时也是金融体系更为发达的国家,如果这种情形在样本中持续时间较长,那么回归时可能难以看到模型预测的显著正向关系。一个问题是,为何金融市场效率对于发展中国家的影响较小?我们的解释是,发展中国家金融体系发展普遍较为滞后,而正如之前讨论过的,只有金融体系的相对差异,而非绝对水平,才会对两国经常账户失衡造成影响。当发展中国家金融摩擦程度接近、相对差异不明显时,定理 2 更容易得到满足。

以"私人借贷/GDP"这一指标代表一国金融市场效率,表 4-1 分别列出了发达国家和发展中国家的私人借贷/GDP的均值及标准差。显然,从绝对水平来看,发达国家金融市场

开放经济下的结构转型与增长

效率明显好于发展中国家，但同时另一特点是，各个时间段内发达国家金融市场效率的分化程度也明显更高。图4-3则显示了发达国家和发展中国家内金融体系和经济增长之间的关系。可以看到，金融体系更为发达的国家往往也是增长更快的国家，这一点在发达国家间表现得尤为明显。这些结果都说明发达国家的金融体系与增长率之间更强的正相关性可能是削弱定理2结论的一个因素。

表4-1　金融体系在发达国家和发展中国家内的分化情况

项目	1980—1989 年	1990—1999 年	2000—2007 年	2008—2011 年
金融深化程度：均值				
发达国家	68.87	72.95	74.22	76.05
发展中国家	26.92	28.24	28.44	29.12
金融深化程度：标准差				
发达国家	46.71	47.25	47.64	48.52
发展中国家	23.24	23.57	23.57	23.63

注：金融深化程度以私人借贷/GDP衡量。

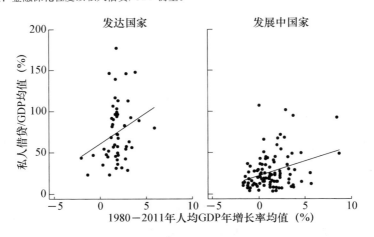

图4-3　经济增长率与金融市场效率（1980—2011 年）

资料来源：私人借贷/GDP 数据来自 WDI 数据库，人均 GDP 数据来自 PWT9.0。

4.3.2 贸易伙伴国经济增速

由于存在多种原因，国家间的贸易总是呈现一定的"贸易阵营"特征，即某些特定国家之间的贸易明显多于它们与其他国家之间的贸易。当前最重要的两个贸易阵营包括欧盟和以中国为生产中心的东亚多国生产网络，后者经由中国的加工贸易渠道也与美国有着紧密的贸易往来。事实上，中国的经常账户盈余中的绝大部分来自与美国的贸易，而美国的经常账户赤字中也有 40% 源于与中国的贸易。由于各个国家的主要来往的贸易国的构成差异很大，因此，有必要将各自贸易伙伴国的加权平均增长率考虑到我们的讨论之中。举例来说，现有国家 1、国家 2 两个国家和阵营 A、阵营 B、阵营 C 三个贸易阵营。一方面，两国都与阵营 C 有贸易往来；另一方面，只有国家 1 与阵营 A 进行贸易（国家 2 不与阵营 A 进行贸易），同时只有国家 2 与阵营 B 相互贸易（国家 1 不与阵营 B 进行贸易）。现在假设，同一阵营内的国家的增长率接近，并有如下关系：$g_A > g_1 > g_2 > g_B$，即阵营 A 的加权平均增长率高于国家 1 的增长率，而后者又高于国家 2 的增长率，阵营 B 的加权平均增长率最低。在现实中，国家 1、国家 2 对应于美国和德国，而阵营 A、阵营 B、阵营 C 三个阵营分别对应于美国-东亚新兴国家生产网络、欧盟和中东产油国。

由定理 2 可知，在同一贸易阵营内各国经常账户余额/

GDP 值可以根据长期增长率依次排序。由于美国的增长率不及东亚新兴国家的平均水平，因此，美国在与这些国家的贸易来往中将产生经常账户赤字，记为 ca_t^{1A}。同理，由于德国的增长率高于欧盟的平均水平，因此，它在和欧盟其他国家的贸易中积累经常账户盈余，记为 ca_t^{2B}。除此之外，由于美国、德国都还与中东产油国有贸易往来，美国比德国更高的增长率将带来更高的盈余。我们将两国由此产生的经常账户余额/GDP 值分别记为 ca_t^{1C} 和 ca_t^{2C}。对于美国、德国来说，总的经常账户情况分别为：$ca_t^1 = ca_t^{1A} + ca_t^{1C}$ 和 $ca_t^2 = ca_t^{2B} + ca_t^{2C}$，两者之差为：

$$ca_t^1 - ca_t^2 = (ca_t^{1A} - ca_t^{2B}) + (ca_t^{1C} - ca_t^{2C}) \qquad (4.31)$$

式（4.31）右边第二项为正，也是我们之前一直强调的增长率效果。但现在又新增了小于 0 的第一项，这是由两国面临不同的贸易伙伴国造成的。因此，尽管我们知道美国的增长率高于德国，却仍旧无法确定两国经常账户余额的相对大小。

图 4-4 比较了 1980—2011 年美国、英国、德国和法国四国各自的贸易伙伴国的加权平均增长率，可见美国的贸易伙伴国经济增速明显高于其他三国所对应的增长率。图 4-5 又进一步按照发展中国家和发达国家对贸易伙伴国构成进行了划分。有意思的是，在美国的贸易伙伴国中，其发达国家贸易伙伴国的加权平均增长率略低于其他三国所对应的增长率，但发展中国家贸易伙伴国的加权平均增长率明显高于其他三国所对应的增长率，并且，美国的增长率和其发展中国家贸易伙伴国

的增长速度之间的差距随时间拉长越来越明显①。

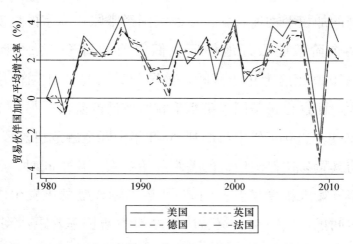

图 4-4 美国、英国、德国和法国四国贸易伙伴国的
加权平均增长率（1980—2011 年）

注：在贸易伙伴国的加权平均增长率计算中，权重为两国间贸易往来量。
资料来源：作者基于 IMF 的 DOTS 和 IFS 数据库（得到贸易权重），以及 PWT 9.0 表（得到各国增长率）计算得到。

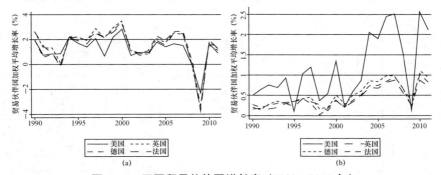

图 4-5 四国贸易伙伴国增长率（1990—2011 年）

注：（a）发达国家贸易伙伴国；（b）发展中国家贸易伙伴国。
资料来源：作者基于 IMF 的 DOTS 和 IFS 数据库（得到贸易权重），以及 PWT 9.0 表（得到各国增长率）计算得到。

---

① 这既可能是由于原有的发展中国家贸易伙伴国的增长速度加快，也可能是由于美国和增长较快的发展中国家的贸易增加。

图 4 - 6 展示了 1980—2011 年美国自身增长率、美国贸易
伙伴国的加权平均增长率，以及美国经常账户赤字的情况。其
中的两个阶段能很好地佐证我们之前的讨论。一个阶段是
1980—1990 年这十年，其间，美国与其贸易伙伴国的增速相
差不大，而这也是美国赤字水平相对较低的阶段。另一个阶段
是自 20 世纪 90 年代中后期到 2008 年国际金融危机这段时间。
美国与其贸易伙伴国增速的差距开始扩大，几乎同时，美国的
赤字率开始大幅度攀升。到 2008 年国际金融危机发生之前的
一段时间里，美国与其贸易伙伴之间的增长率差距达到顶峰，
而这一时期也是美国赤字率最高的时候。由此可见，美国与其
贸易伙伴国（尤其是发展中国家贸易伙伴国）之间增长率差距

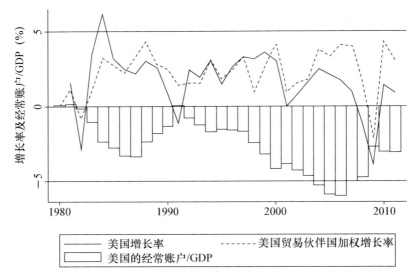

图 4 - 6　美国贸易伙伴国的加权平均增长率及美国赤字情况（1980—2011 年）

资料来源：作者基于 IMF 的 DOTS 和 IFS 数据库（得到贸易权重），以及 PWT 9.0 表
（各国增长率）计算得到。

的扩大，可能是造成美国经常账户赤字问题加剧的重要原因。

4.4　实证研究

4.4.1　实证策略

我们的理论模型为实证检验提供了思路，并提出了一些可供检验的假设。定理 2 告诉我们，对于由任意两个国家组成的"国家对"，其中增长率较快的国家倾向于有更高的经常账户/GDP 值。因此，在基准模型中，我们预测国家间的经常账户/GDP 值可依据长期增长率大小排序。但是，我们的理论模型并没有给出以下两个推论：一是两国间经常账户/GDP 之差会随着两国增长率差距扩大而扩大；二是在其他条件不变的前提下，如果两国之中增长更快的国家增长率进一步提高，将导致该国更高的经常账户/GDP 值。据此，我们得到三点对实证检验的启示：（1）回归应以"国家对"而非单个国家为单位；（2）我们并不预设增长率与经常账户/GDP 之间存在线性关系，而是考察增长更快的国家"是否"具有更高的经常账户/GDP 值；（3）由于模型是基于长期增长率给出的预测，因此来自截面数据的检验结果比面板数据更加适合我们的模型。基于以上三点，我们设定如下 Probit 模型：

$$\Pr(ca^i > ca^j \,|\, D(G^i > G^j),\, X^i,\, X^j)$$

$$= a + bD(G^i > G^j) + (X^i - X^j)\Gamma + e_{ij},\ i \neq j \qquad (4.32)$$

式中，ca^i 和 ca^j 分别为样本期间内国家 i、国家 j 的经常账户/GDP 均值；$D(G^i > G^j)$ 为一个虚拟变量，当国家 i 在这一时段的平均增长率高于国家 j 的平均增长率时取值为 1，否则取值为 0；X^i 和 X^j 分别为两国的控制变量，也都是考察时期的均值；e_{ij} 为对于"国家 i、国家 j""国家对"的误差项，服从独立同分布特性；待估参数为 a、b 和 Γ。由第 3 节的分析可知，X^i 和 X^j 应该包括两国的金融市场效率和贸易伙伴国的平均增长率，其中金融市场效率指标以"私人借贷/GDP（Pri_credit）"衡量；在计算贸易伙伴国的加权平均增长率的时候，我们使用本国与贸易伙伴国之间的双边贸易总量作为权重。为了进一步区分贸易伙伴国中发达国家和发展中国家的差异，我们分别考察发达国家和发展中国家贸易伙伴国的加权平均增长率（分别以 $Gptn\_developed$ 和 $Gptn\_developing$ 表示）[①]。

待估参数中我们最关心的是参数 b，定理 2 告诉我们，这一参数应该显著为正。而定理 3 和我们对贸易阵营的讨论则表明，控制 Pri_credit 和贸易伙伴国的加权平均增长率是必要的，尤其是对于发达国家来说。在下面的分析中，我们将详细

---

① 为减少内生性影响，在考察"国家 i、国家 j"这一"国家对"时，国家 j 的增长率不计入国家 i 的贸易伙伴国的加权平均增长率计算。

说明这两个变量是如何影响最终的实证结果的。

4.4.2 实证结果

我们使用的样本是在 *Prasad et al*（2007）样本的基础上补充得到的，包含 40 个工业化国家和 76 个发展中国家，时间跨度为 1980—2011 年，主要数据来源于 *IMF* 的 *IFS* 数据库。表 4－2 列出了具体的变量定义以及数据来源。

表 4－2　变量描述

变量	单位	数据来源	变量定义
$D(ca^i > ca^j)$	0~1	作者基于 IFS 数据库计算	虚拟变量，当国家 i 的经常账户余额/GDP 高于国家 j 时取值为 1
$D(G^i > G^j)$	0~1	作者基于 PWT 9.0 计算	虚拟变量，当国家 i 的增长率高于国家 j 时取值为 1
Pri _ credit	%	WDI 数据库	私人借贷/GDP
Gptn _ developed Gptn _ developing	%	作者基于 DOTS、IMF 和 PWT 9.0 计算	贸易加权平均增长率
Old _ dep	%	WDI 数据库	老年抚养比，65 岁以上人口/15~65 岁人口
Young _ dep	%	WDI 数据库	青年抚养比，15 岁以下人口/15~65 岁人口
Ln _ GDP pc0	2005 年 1 000 美元	作者基于 PWT 9.0 计算	初始年份的人均 GDP 对数值
Ka _ open	[0, 1]	(Chinn and Ito, 2006)	资本账户开放程度
M2 _ gdp	%	WDI 数据库	M2/ GDP
Fiscal surplus	%	WDI 数据库	财政盈余/GDP
Trade _ gdp	%	WDI 数据库	贸易量/ GDP

续表

变量	单位	数据来源	变量定义
Ss _ africa _ 1 Ss _ africa _ 2	0~1	WDI 数据库	虚拟变量,对那些在 WDI 数据库中定义为撒哈拉以南非洲国家赋值为 1(_1/_2 意味着有序"国家对"中的第一/第二个国家)
Oil _ ex _ 1 Oil _ ex _ 2	0~1	WDI 数据库	虚拟变量,对那些在 WDI 数据库中定义为石油输出国的国家赋值为 1(_1/_2 意味着有序"国家对"中的第一/第二个国家)

我们首先以"国家对"为单位,在样本期内取均值后,用截面数据对式(4.32)的概率模型进行回归,结果列于表 4-3,表中第(1)列是包含所有变量的基准回归结果,其中 $D(G^i > G^j)$ 的系数显著为正。从边际效果来看,两国相比时,增长更快的一方有更高的经常账户比例的概率是 2.7%。

表 4-3　增长率差异和经常账户:全样本

变量	(1)	(2)	(3)	(4)
$D (G^i > G^j)$	0.106 **	0.104 **	0.105 **	0.107 **
	(0.044 7)	(0.044 2)	(0.044 7)	(0.044 3)
Pri _ credit	−0.000 521			−0.001 00
	(0.000 750)			(0.000 726)
Gptn _ developed	−0.131 **		−0.140 ***	
	(0.053 3)		(0.051 7)	
Gptn _ developing	0.025 7		0.023 8	
	(0.027 6)		(0.027 5)	
Old _ dep	−0.117 ***	−0.118 ***	−0.117 ***	−0.119 ***
	(0.008 56)	(0.008 43)	(0.008 52)	(0.008 49)
Young _ dep	−0.058 4 ***	−0.055 7 ***	−0.057 7 ***	−0.057 1 ***
	(0.004 95)	(0.004 81)	(0.004 86)	(0.004 93)

续表

变量	(1)	(2)	(3)	(4)
ln _ GDP pc0	0. 108 ***	0. 108 ***	0. 106 ***	0. 110 ***
	(0. 023 3)	(0. 022 4)	(0. 023 1)	(0. 022 5)
Ka _ open	0. 663 ***	0. 678 ***	0. 660 ***	0. 685 ***
	(0. 063 1)	(0. 061 8)	(0. 062 9)	(0. 062 1)
M2 _ gdp	0. 006 05 ***	0. 005 77 ***	0. 005 77 ***	0. 006 32 ***
	(0. 000 643)	(0. 000 493)	(0. 000 497)	(0. 000 637)
Fiscal surplus	0. 148 ***	0. 145 ***	0. 147 ***	0. 147 ***
	(0. 006 29)	(0. 005 97)	(0. 006 10)	(0. 006 23)
Trade _ gdp	−0. 005 68 ***	−0. 005 73 ***	−0. 005 63 ***	−0. 005 81 ***
	(0. 000 380)	(0. 000 366)	(0. 000 373)	(0. 000 371)
Ss _ africa _ 1	−0. 436 ***	−0. 428 ***	−0. 439 ***	−0. 422 ***
	(0. 059 4)	(0. 059 1)	(0. 059 2)	(0. 059 2)
Ss _ africa _ 2	0. 250 ***	0. 249 ***	0. 255 ***	0. 241 ***
	(0. 049 4)	(0. 049 0)	(0. 049 1)	(0. 049 3)
Oil _ ex _ 1	0. 871 ***	0. 855 ***	0. 881 ***	0. 836 ***
	(0. 114)	(0. 113)	(0. 113)	(0. 114)
Oil _ ex _ 2	−0. 602 ***	−0. 585 ***	−0. 610 ***	−0. 572 ***
	(0. 085 0)	(0. 083 4)	(0. 084 1)	(0. 084 0)
常数项	0. 871 ***	0. 855 ***	0. 881 ***	0. 836 ***
	(0. 114)	(0. 113)	(0. 113)	(0. 114)
样本量	6 711	6 711	6 711	6 711

注：样本是由 116 个国家构成的"国家对"。所有变量都是取 1980—2011 年均值，且除 D $(G^i > G^j)$、Ss _ africa _ 1、Ss _ africa _ 2、Oil _ ex _ 1 和 Oil _ ex _ 2 为虚拟变量外，其余所有变量都由对两国作差得到。括号内为标准误。 *** 、 ** 和 * 分别表示在 1% 、 5% 和 10% 水平下显著。

在我们考察的三个主要控制变量中，Pri _ credit 的系数为负，与我们预期相符，但不显著；Gptn _ developed 系数为负且显著；Gptn _ developing 系数为正，但不显著。由此可见，在贸易伙伴国的影响中，来自发达国家部分的影响较来自发展

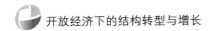

中国家的影响更大，这一现象在其余样本和设定下都存在。

在其余控制变量中，老年或青年抚养比更低的国家倾向于有更高的经常账户余额，这一点与以往许多文献的发现一致（Leff，1980；钟水映和李魁，2009）。此外，与普拉萨德等人的研究结果类似，M2/GDP 值和政府财政盈余/GDP 更高的国家以及石油输出国都普遍有更高的经常账户盈余，相反，贸易量/GDP 与一国的经常账户盈余存在一定的负相关（Prasad and Chinn，2003）。此外，人均收入水平越高的国家经常账户余额也越高，有着类似效果的还有资本账户开放程度，这也与一些早期研究发现一致（Debelle and Faruqee，1996）。最后，撒哈拉以南非洲国家在经常账户余额上表现较差。

在表 4-3 第（2）列中，我们同时剔除了三个关键变量：Pri_credit、Gptn_developed 和 Gptn_developing，重新进行回归，以识别金融市场效率及贸易伙伴国的加权平均增长率对于我们基准回归的影响。我们发现，结果变化很小。表 4-3 第（3）、第（4）列分别是单独排除金融市场效率 Pri_credit，或贸易伙伴国的加权平均增长率变量（Gptn_developed 和 Gptn_developing）的回归结果，可以看出，结果和基准回归结果相差不大。因此，在全样本中，无论是金融市场效率还是贸易伙伴国的加权平均增长率，对于回归结果的影响都十分有限。

表 4-3 是发达国家子样本的回归结果。我们重复了表 4-2

的所有回归。同表 4－3 第（1）列的结果类似，表 4－4 第（1）列的结果显示，增长越快的国家经常账户余额越高，但是，边际效应增加到 6.4%。可见，增长率差异对于发达国家间的经常账户的影响比对发展中国家的影响更为明显。

表 4－4　发达国家子样本回归结果

变量	（1）	（2）	（3）	（4）
$D\ (G^i>G^j)$	0.332**	0.098 5	0.306*	0.212
	(0.164)	(0.152)	(0.162)	(0.158)
边际效应	0.064	0.020	0.061	0.042
Pri _ credit	−0.006 25***			−0.008 84***
	(0.002 10)			(0.001 96)
Gptn _ developed	−0.936***		−1.247***	
	(0.286)		(0.267)	
Gptn _ developing	−0.109		−0.154	
	(0.115)		(0.114)	
Old _ dep	−0.045 3	−0.070 0***	−0.027 0	−0.082 2***
	(0.031 8)	(0.026 9)	(0.030 4)	(0.028 4)
Young _ dep	−0.048 9**	−0.053 4***	−0.031 9	−0.070 1***
	(0.022 3)	(0.020 3)	(0.021 1)	(0.021 5)
ln _ GDP pc0	0.939***	0.510***	0.927***	0.674***
	(0.191)	(0.140)	(0.186)	(0.155)
Ka _ open	1.118***	1.622***	0.929***	1.652***
	(0.329)	(0.256)	(0.319)	(0.264)
M2 _ gdp	0.006 99***	0.002 27*	0.004 23***	0.006 93***
	(0.001 77)	(0.001 34)	(0.001 49)	(0.001 72)
Fiscal surplus	0.226***	0.162***	0.225***	0.186***
	(0.028 4)	(0.023 6)	(0.028 2)	(0.024 8)
Trade _ gdp	0.002 97**	0.004 01***	0.003 63***	0.002 92**
	(0.001 17)	(0.001 09)	(0.001 14)	(0.001 14)

续表

变量	(1)	(2)	(3)	(4)
Oil_ex_1	0.620	−0.050 2	0.464	0.354
	(0.425)	(0.388)	(0.411)	(0.416)
Oil_ex_2	−1.017**	−0.256	−0.831**	−0.732*
	(0.425)	(0.388)	(0.411)	(0.416)
常数项	0.073 5	0.142	0.023 5	0.171
	(0.113)	(0.106)	(0.111)	(0.108)
样本量	768	768	768	768

注：样本是由 40 个发达国家构成的"国家对"。所有变量都是取 1980—2011 年均值，且除 $D(G^i > G^j)$、Oil_ex_1 和 Oil_ex_2 为虚拟变量外，其余所有变量都由对两国作差得到。括号内为标准误。***、** 和 * 分别表示在 1%、5% 和 10% 水平下显著。

虽然表 4-4 第（1）列包括 Gptn_developed 和 Gptn_developing 在内的大多数控制变量的结果与表 4-3 第（1）列的结果接近，但仍有少数几个变量前面的系数发生了较大改变。首先，Pri_credit 的系数由之前全样本中的负且不显著，变为负且显著，这与我们对发达国家的理论分析一致。其次，贸易/GDP 值变为显著正，这说明，之前表 4-3 中得到的负号主要是由于发展中国家导致的。

在表 4-4 第（2）列中，我们同时剔除了 Pri_credit、Gptn_developed 和 Gptn_developing 这三个关键控制变量，可以看到，此时回归结果变化很大。$D(G^i > G^j)$ 前面的系数现在虽依然为正，但变得不显著。这说明，在发达国家当中，增长率与金融市场效率或贸易伙伴国的加权平均增长率之间存在系统性的正相关性。表 4-4 最后两列的结果进一步表明，贸易伙伴国增长率的影响比金融市场效率更为重要。在表 4-4 第（3）

列中，我们只剔除了Pri_credit，此时 $D(G^i>G^j)$ 的系数尽管显著性有所下降，但仍在 10% 水平上显著。就边际效果来看，也仍然与表 4-4 第（1）列结果类似。在表 4-4 第（4）列中，我们剔除 Gptn_developed 和 Gptn_developing 这两个贸易伙伴国变量，但保留 Pri_credit，此时，$D(G^i>G^j)$ 的系数不再显著。这些结果说明，以往文献中有关发达国家经常账户与增长率关系的研究之所以往往得不到显著结果的原因，很可能是遗漏了一个重要变量——贸易伙伴国的加权平均增长率。

表 4-3 和表 4-4 的结果是用 1980—2011 年长达 30 多年的数据的均值进行的截面回归，这其中可能抹平了一些有用信息。为此我们将数据每四年不重叠地取均值，构成一套面板数据，并重复表 4-3 和表 4-4 的四个回归。为了减少内生性的影响，回归时使用二阶段最小二乘法（2SLS）。除时间固定效应以及表示石油输出国和撒哈拉以南非洲国家的虚拟变量外，所有解释变量均用一年滞后项作为各自的工具变量。结果列于表 4-5 的 A 栏，第（1）列依旧是包含所有变量的结果，此时 $D(G^i>G^j)$ 前面系数十分显著，同时边际效果明显高于截面数据结果——达到 14%。表 4-5 第（2）列剔除了金融市场效率和贸易伙伴国增长率变量，$D(G^i>G^j)$ 的系数不再显著。表 4-5 第（3）列没有控制金融市场效率，但控制了贸易伙伴国的加权平均增长率，$D(G^i>G^j)$ 的系数变大，但如表 4-4 第（4）列所示，一旦不控制 Gptn_developed 和 Gptn_developing 之

后，$D(G^i>G^j)$ 的系数便不再显著。与截面回归的结果比较，这些结果表明了贸易伙伴国的加权平均增长率的重要影响。

表 4-5 面板回归结果

变量	(1)	(2)	(3)	(4)
A栏：全样本				
$D(G^i>G^j)$	0.142***	0.000	0.156***	−0.017 8
	(0.028 5)	(0.020 0)	(0.028 1)	(0.020 3)
边际效果	0.14	0.00	0.15	−0.02
Pri_credit	−0.001 14***			−0.001 98***
	(0.000 347)			(0.000 305)
Gptn_developed	−0.567***		−0.580***	
	(0.046 9)		(0.046 6)	
Gptn_developing	0.042 0***		0.045 1***	
	(0.015 2)		(0.015 1)	
常数项	0.076 0***	0.179***	0.057 9**	0.205***
	(0.027 5)	(0.021 1)	(0.026 8)	(0.021 6)
样本量	18 059	24 993	18 059	24 993
B栏：发达国家				
$D(G^i>G^j)$	0.202***	0.048 4	0.362***	−0.098 2
	(0.077 0)	(0.064 4)	(0.076 5)	(0.065 8)
边际效果	0.20	0.05	0.36	−0.09
Pri_credit	−0.007 01***			−0.007 46***
	(0.000 898)			(0.000 849)
Gptn_developed	−0.941***		−1.067***	
	(0.111)		(0.112)	
Gptn_developing	−0.051 5		−0.034 2	
	(0.043 3)		(0.043 8)	
常数项	0.090 9	0.140**	−0.086 5	0.311***
	(0.074 2)	(0.065 2)	(0.072 4)	(0.068 0)
样本量	3 494	3 711	3 494	3 711

注：面板数据是将所有变量每四年不重叠地取均值后得到的。除时间固定效应和代表石油输出国和撒哈拉以南非洲国家的虚拟变量外，所有变量都用一年滞后项作为其工具变量。为节省篇幅，除表中显示的变量之外的控制变量的结果未列出。括号内为标准误。***、** 和 * 分别表示在1%、5% 和10% 水平下显著。

表 4-5 的 B 栏是单独对发达国家进行的面板回归结果。$D(G^i > G^j)$ 的结果和 A 栏一致，但其边际效应变大这一结果和截面回归的结果是一致的。值得注意的是，无论是在全部样本还是在发达国家样本中，Pri_credit 的系数始终为负，且在统计意义上显著，但对增长率和经常账户之间的显著正相关性结果影响不大；另外，Gptn_developed 的系数也始终为负且显著。这两个结果与我们的理论预测一致。不过，Gptn_developing 的系数在全样本里显著为正，在发达国家子样本里不显著。在前面的截面回归中，Gptn_developing 的系数始终不显著。这些结果值得进一步研究。

4.4.3　基于线性结果的进一步讨论

"配置之谜"是基于线性回归模型发现的发展中国家当中一国经常账户盈余随增长率而递增的现象提出的（Gourinchas and Jeanne，2005）。我们的理论模型表明，在发展中国家当中，经常账户盈余和增长率之间更可能呈现正相关关系，而这种关系在发达国家是不确定的。为此，我们进一步考察了发达国家中增长率和经常账户之间的线性关系。我们将式（4.32）中的被解释变量换成 $(ca^i - ca^j)$，同时将关键解释变量 $D(G^i > G^j)$ 换为 $(G^i > G^j)$，重新对发达国家进行回归[①]。结果列

---

① 在线性回归中，对"国家对"进行回归与对单个国家进行回归结果是一致的。这里为了使其余控制变量与前文回归保持一致，因此仍选择对"国家对"进行回归。

于表 4-6。其中 dif_g、dif_f 分别表示两国增长率和私人借贷比的差值，dif_gptn表示两国各自的贸易伙伴国的加权平均增长率的差异。在表 4-6 第（1）列中，解释变量包含了 dif_g 及在之前回归中出现的其他所有解释变量。在之后的四组回归中，又增加了依据金融市场效率差异（dif_f）和贸易伙伴国的加权平均增长率差异（dif_gptn）不同百分位数定义的虚拟变量与 dif_g 相乘的交互项。例如，D(dif_f<50perc) 表示一个"国家对"中的两个发达国家的金融市场效率差异在所有发达"国家对"中处于 50 百分位以下。类似的，D(dif_f<60perc) 和 D(dif_f<75perc) 则分别代表两国间金融市场效率的差异处于发达国家样本的 60 百分位和 75 百分位数以下。其余三组虚拟变量，D(dif_gptn<50 perc，60 perc，75perc) 则是依据贸易伙伴国的加权平均增长率差异的百分位数进行类似的划分构造的。表4-6第（1）列的结果显示，dif_g 的系数显著为负，这和永久家户模型的结论是一致的。其后四列的结果显示，dif_g 的系数仍然显著为负，表明当一个"国家对"中的 i 国在金融方面远远领先 j 国，且 i 国贸易伙伴国的加权平均增长率远远高于 j 国贸易伙伴国的加权平均增长率的时候，i 国比 j 国更高的增长率导致它比 j 国拥有更低的经常账户盈余（或更多的经常账户赤字）。但是，所有交互项的系数都显著为正，说明当两个国家在金融市场效率和贸易伙伴国方面的差异较小时，发达国家内部增长率和经常账户之间的负

向关系被削弱。从绝对值来看,随着临界值的变大,交互项前面的系数也逐渐增大,同时,贸易伙伴国的加权平均增长率的影响比金融市场效率的影响更为明显。以金融市场效率差异划分,即使将临界点放宽到 75 百分位,对于私人借贷比差值较小的"国家对"而言,dif_g 的总效果还是显著为负(-1.359+0.465=-0.894)。但以贸易伙伴国的加权平均增长率差异划分,在 75 百分位以下的"国家对"中,dif_g 的总效果已经非常小(-0.061),并且在统计上不显著。

表 4-6 发达国家线性回归结果

变量	(1)	(2)	(3)	(4)	(5)
dif_g	-1.046***	-1.276***	-1.359***	-0.702***	-0.581***
	(0.133)	(0.124)	(0.113)	(0.119)	(0.105)
dif_g*D (dif_f<50 perc)		0.344***			
		(0.030 3)			
dif_g*D (dif_f<75 perc)			0.465***		
			(0.026 8)		
dif_g*D (dif_gptn<50 perc)				0.384***	
				(0.025 6)	
dif_g*D (dif_gptn<75 perc)					0.520***
					(0.023 2)
常数项	2.081***	1.890***	1.782***	1.663***	1.405***
	(0.215)	(0.199)	(0.182)	(0.191)	(0.169)
观测值	768	768	768	768	768
R-squared	0.818	0.828	0.856	0.844	0.879

注:样本是由 40 个发达国家构成的"国家对"。所有变量都是取 1980—2011 年均值,然后对两国作差得到。被解释变量是(ca^i-ca^j)。为节省篇幅,表中变量之外的控制变量的结果未列出。括号内为标准误。***、** 和 * 分别表示在 1%、5%和 10%水平下显著。

表 4-6 的结果表明,如果使用线性模型,即使是控制金融市场效率和贸易伙伴国的加权平均增长率方面的差异,增长

率和经常项目之间的正相关关系也难以成立，符合我们的理论预期。但是，"配置之谜"的关键不是增长率和经常项目之间的正相关关系，而是增长越快的国家越倾向于输出资本，而我们的理论和经验研究都证明了这一点。

4.5 小结

本章基于生命周期假设给出了"配置之谜"的一个理论解释，同时在实证上予以证明。在两期 OLG 模型里，我们证明，对于任意两个国家，长期增长率更高的国家倾向于有更高的经常账户余额。为了解释发达国家对这个结论的偏离，我们引入了两个因素，即金融市场效率和贸易伙伴国的加权平均增长率，并证明，金融体系越发达的国家或贸易伙伴国的加权平均增长率越快越有可能产生经常账户赤字。我们基于 116 个国家 1980—2011 年的数据所做的实证研究表明，无论是否控制这两个因素，在全样本中，增长率的提高都会增加一国拥有较高经常账户余额的可能性。在发达国家样本中，这个正向关系只有在控制贸易伙伴国的加权平均增长率的情况下才成立。这说明，发达国家和各自贸易伙伴国之间在增长率方面的差异对于我们理解发达国家之间的经常账户失衡情况十分必要。

本章之所以会得出与珍妮等人（Gourinchas and Jeanne,

2005）截然不同的理论预测，很有可能是因为模型设定不同造成的。本章采用的是世代交叠模型，而后者依赖于永久家户假设。在永久家户模型中，代表性家户能够准确预测未来将要发生的各种情况，并使其一生的预算约束与整个国家的跨期预算约束重合，因此，模型对于家户的"理性"要求很高。在世代交叠模型中，每一期家户的存活时间有限，因此，个人无须考虑国家层面的跨期约束，因而模型对家户的"理性"要求较低。现实情况可能是介于两类模型描述的情形之间。然而，需要强调的是，我们的世代交叠模型除明确给出了增长率较高的国家倾向于输出资本的结论之外，还表明，增长率和经常账户之间在发展中国家当中比在发达国家当中更可能呈现线性的正相关关系，这个结论与以下研究发现是一致的：Gourinchas and Jeanne，2005；Prasad et al.，2007。

第5章　老龄化与结构转型

5.1　引言

产业结构——也就是劳动力在部门间的分配问题，相关的主流理论解释大致可分为两类：一是从需求面出发，强调产品间的收入弹性差异（Echevarria，1997；Kongsamut et al.，2001）；二是从供给面入手，强调部门间的生产进步率或是资本密集度差异（Baumol，1967；Ngai and Pissarides，2008；Acemoglu and Guerrieri，2008）。除此之外，后续还出现了一些文献，尝试从国际贸易的角度出发对产业结构进行讨论（Mao and Yao，2012；Uy et al.，2013）。尽管产业结构的相关讨论已有很多，但是很少有文献关注劳动力的年龄结构这一变量。

劳动力的年龄结构可以从两方面来影响产业结构：一方面，不同年龄段的人口对于不同类型的消费品的偏好存在显著差异（Aguiar and Hurst，2013；Mao and Xu，2014），因此，年龄结构变化带来的需求面冲击可以影响劳动力在部门间的分配；另一方面，不同部门的劳动力年龄构成是不同的，这是因为各部门对于青年/老年劳动力的依赖程度不同（Mao and Xu，2015）。当老龄化导致两类劳动力的相对价格发生变化时，企业会调整自身的劳动力需求构成。整体而言，老龄化对于产业结构的净效果是不确定的，这取决于两种效应的相对大小。

本章构建了一个以年龄结构为基础从供给、需求两方面影响产业结构的理论模型，并将其分解为规模效应和构成效应。其中，作用于消费者需求面的规模效应又可拆解为两种相反的作用效果，但其中更明显的是不同年龄人口比例变化产生的效果，表现为随着老年人口比例上升，服务业的相对需求扩大。而构成效应则通过老龄化时青年工人相对工资的上升发挥作用。当工业品生产相较服务品对青年劳动力依赖更大时，可以证明青年工人工资的上涨会从供给面抑制工业部门扩张。最终，规模效应和构成效应会同方向地影响产业结构转型。在满足一定假设条件下，工业/服务业的相对就业比例大小会随着老龄化

进程而逐渐下降，这一推论得到了长期跨国历史数据的支持。

5.2　世代交叠模型

5.2.1　消费者行为

年龄结构可以从两个渠道来影响产业结构。为了构建理论模型以解释上述实证发现，考虑一个两期的 OLG 模型。期数为 t，同时存在 t 期出生的青年人，记为 Y，和 $t-1$ 期出生的老年人，记为 O。代表性家户效应的最大化问题为：

$$\max \frac{(c_t^Y)^{1-\theta}}{1-\theta} + \rho \frac{(c_{t+1}^O)^{1-\theta}}{1-\theta}, s.\,t.\ p_t^Y(c_t^Y + s_t)$$

$$= W_t, p_{t+1}^O c_{t+1}^O = s_t \left[(1-\delta) p_{t+1}^Y + r_{t+1}\right] \tag{5.1}$$

式中，c 为其结合了工业产品（记为 M）和服务业产品（记为 S）的最终消费，W 和 r 分别为工资和利率，ρ 为效用贴现率。效应函数采用了 CRRA 形式，这使得我们可以方便地解出跨期一阶条件：

$$c_t^Y = \frac{W_t}{P_t^Y} \cdot \frac{1}{1 + \rho^{\frac{1}{\theta}} \left(\frac{(1-\delta) p_{t+1}^Y + r_{t+1}}{P_{t+1}^O}\right)^{\frac{1}{\theta}-1}}, \ c_{t+1}^O$$

$$= c_t^Y \cdot \rho^{\frac{1}{\theta}} \left(\frac{(1-\delta) p_{t+1}^Y + r_{t+1}}{P_{t+1}^O}\right)^{\frac{1}{\theta}} \tag{5.2}$$

最终品由 M、S 两部门产品以 CES 形式复合而成,替代弹性为 ϵ:

$$y_i = (\gamma_i y_{Mi}^{-1/\epsilon} + (1-\gamma_i) y_{Oi}^{-1/\epsilon})^{\epsilon/\epsilon-1}, i = Y, O \qquad (5.3)$$

式中,$\gamma_i(i=Y, O)$ 为任一期 i 代人在工业品上的消费权重,产品 j 的价格记为 P_{jt},得:

$$P_i = (\gamma_i P_{Mi}^{-1} + (1-\gamma_i) P_{Si}^{-1})^{1/(1-\partial)}, i = Y, O \qquad (5.4)$$

5.2.2　生产者行为

生产面的设定主要参考 Acemoglu 和 Guerrieri (2008) 的研究,假设部门 $j(j=M, S)$ 用劳动力和资本进行生产,生产函数是柯布-道格拉斯形式。为了反映两代劳动力的差异,假设生产函数形式如下:

$$y_j = A_j l_j^{\alpha_j} k_j^{1-\alpha_j} \Rightarrow W = \alpha_j P_j A_j \kappa_j^{1-\alpha_j},$$
$$r = (1-\alpha_j) P_j A_j \kappa_j^{-\alpha_j} \qquad (5.5)$$

式中,κ_j 为部门 j 的劳均资本;α_j 为部门 j 的劳动收入份额,为了反映两部门差异,这里假设 $\alpha_M < \alpha_S$;A 为 TFP。由于这里考察的重点是劳动力的年龄结构,因此我们暂时不考虑技术进步因素,假定 A_{jt} 是常数。一阶条件可得:

$$W = \alpha_M P_M A_M \kappa_M^{1-\alpha_M}, r = (1-\alpha_M) P_M A_M \kappa_M^{-\alpha_M} \qquad (5.6)$$

5.2.3　出清条件

中间品市场出清条件如下：

$$y_{MY}(t) + y_{MO}(t) = y_M(t)，y_{SY}(t) + y_{SO}(t) = y_S(t)$$

$$(5.7)$$

我们假定青年人的最终品既可用于消费，也可用于储蓄，但老年人的最终品只能用来消费，因此，最终品市场出清条件如下：

$$(c_t^Y + s_t)l_t^Y = y_t^Y + (1-\delta)s_{t-1} \cdot l_t^O，c_t^O l_t^O = y_t^O \qquad (5.8)$$

劳动力市场出清条件：

$$l_M(t) + l_S(t) = l(t) \qquad (5.9)$$

式中，$l(t)$ 是 t 期青年人总数。

由于只有老年人是资本所有者，因此，资本市场出清条件如下：

$$k_M(t) + k_S(t) = s(t-1) \cdot l_t^O \qquad (5.10)$$

5.2.4　均衡定义

根据以上设定，我们可以给出如下均衡的定义：

消费者给定 $\{W_t,\ P_t^Y,\ P_{t+1}^O,\ r_{t+1}\}$，通过在两期之间平滑消费以最优化终身效应，选择最优的 $\{c_t^Y,\ c_{t+1}^O,\ s_t\}$（3 个方程）。

工业厂商给定 $\{P_t^M,\ W_t,\ r_t\}$，工业选择最优的 $\{l_t^M,\ k_t^M\}$，从而决定 y_t^M（3 个方程）。

服务业厂商给定 $\{P_t^S,\ W_t,\ r_t\}$，服务业选择最优的 $\{l_t^S,\ k_t^S\}$，从而决定 y_t^S（3 个方程）。

最终品：给定 $\{P_t^M,\ P_t^S\}$，可以求解出 $\{P_t^Y,\ P_t^O\}$；类似地，给定 $\{y_t^{MY},\ y_t^{SY};\ y_t^{MO},\ y_t^{SO}\}$，可以求解 $\{y_t^Y,\ y_t^O\}$（4 个方程）。

市场出清条件（6 个方程）：

资本市场出清条件（储蓄等于投资）；

劳动力市场出清条件；

M 中间品市场出清条件；

S 中间品市场出清条件；

青年人最终品市场出清条件；

老年人最终品市场出清条件。

在 19 个方程中，内生变量包括：$\{W_t,\ W_{t-1},\ r_t,\ r_{t+1};\ P_t^Y,\ P_{t-1}^Y,\ P_t^O,\ P_{t+1}^O;\ c_t^Y,\ c_t^O,\ s_t;\ P_t^M,\ P_t^S;\ l_t^M,\ l_t^S;\ k_t^M,\ k_t^S;\ y_t^{MY},\ y_t^{SY};\ y_t^{MO},\ y_t^{SO};\ y_t^Y,\ y_t^O\}$，共计 23 个变量。在给定 $\{W_{t-1},\ r_t;\ P_{t-1}^Y,\ P_t^O\}$ 的前提下，根据上面的 19 个方程，决定剩下的 19 个变量 $\{W_t,\ r_{t+1};\ P_t^Y,\ P_{t+1}^O;\ c_t^Y,\ c_t^O,\ s_t;\ P_t^M,$

P_t^S；l_t^M，l_t^S；k_t^M，k_t^S；y_t^{MY}，y_t^{SY}；y_t^{MO}，y_t^{SO}；y_t^Y，$y_t^O\}$。

5.2.5 稳态定义

在稳态上，各个价格和人均消费、人均储蓄均为常数。

（1）消费者给定 $\{W，P^Y，P^O，r\}$，通过在两期之间平滑消费以最优化终身效应，选择最优的 $\{c^Y，c^O，s\}$（3个方程）。

（2）工业厂商给定 $\{P^M，W，r\}$，工业选择最优的 $\{l_t^M，k_t^M\}$，从而决定 y_t^M（3个方程）。

（3）服务业厂商给定 $\{P^S，W，r\}$，服务业选择最优的 $\{l_t^S，k_t^S\}$，从而决定 y_t^S（3个方程）。

（4）最终品：给定 $\{P^M，P^S\}$，可以求解出 $\{P^Y，P^O\}$；类似地，给定 $\{y_t^{MY}，y_t^{SY}，y_t^{MO}，y_t^{SO}\}$，可以求解出 $\{y_t^Y，y_t^O\}$（4个方程）。

（5）6个市场出清条件——式（5.10）。

根据（1）～（5）的 19 个方程，给定 $\{l_t^Y，l_t^O\}$，可求得以下 19 个变量：$\{W，r；P^Y，P^O；c^Y，c^O，s；P^M，P^S；l_t^M，l_t^S，k_t^M，k_t^S；y_t^{MY}，y_t^{SY}；y_t^{MO}，y_t^{SO}；y_t^Y，y_t^O\}$。

5.2.6 模型求解

当人口增长率稳定时，y_t^Y/y_t^O 为常数，此时稳态上的相对

价格也不随时间变化。我们将 P_t^Y 单位化为 1，同时为了方便表述，做以下记号：$\rho \dfrac{(1-\delta)p_t^Y + r_t}{P_t^O} = (\rho \dfrac{(1-\delta)+r_t}{P_t^O}) \triangle \psi$。

给定人口结构 (l_t^Y / l_t^O)，有 6 个内生变量：P^M，P^S，R，ψ，l^M，l^S，对应 6 个出清条件，分别是：

（1）劳动力市场出清条件：

$$l^M + l^S = l^Y \tag{5.11}$$

（2）资本市场出清条件：

$$\frac{1}{r}(h^M l^M + h^S l^S) = \frac{\psi^{\frac{1}{\theta}-1}\rho}{1+\psi^{\frac{1}{\theta}-1}\rho}l^O \tag{5.12}$$

式中，$h^I = (1-\alpha^I)/\alpha^I$；$I = M$，$S$，是两部门资本相对劳动力的收入占比。

（3）M 中间品市场出清条件：

$$\frac{p_t^Y}{p_t^M}y_t^Y \frac{\left(\frac{\gamma^Y}{1-\gamma^Y}\right)^\epsilon \left(\frac{p_t^M}{p_t^S}\right)^{1-\epsilon}}{1+\left(\frac{\gamma^Y}{1-\gamma^Y}\right)^\epsilon \left(\frac{p_t^M}{p_t^S}\right)^{1-\epsilon}} + \frac{p_t^O}{p_t^M}y_t^O \frac{\left(\frac{\gamma^O}{1-\gamma^O}\right)^\epsilon \left(\frac{p_t^M}{p_t^S}\right)^{1-\epsilon}}{1+\left(\frac{\gamma^O}{1-\gamma^O}\right)^\epsilon \left(\frac{p_t^M}{p_t^S}\right)^{1-\epsilon}}$$

$$= y_t^M = \frac{W_t}{\alpha^M P_t^M}l_t^M \tag{5.13}$$

（4）S 中间品市场出清条件：

$$\frac{1}{p^S}\frac{y_t^Y}{1+\left(\frac{\gamma^Y}{1-\gamma^Y}\right)^\epsilon (p^M/p^S)^{1-\epsilon}} + \left(\frac{p^O}{p^S}\right)$$

$$\frac{y_t^O}{1+\left(\dfrac{\gamma^O}{1-\gamma^O}\right)^{\epsilon}(p^M/p^S)^{1-\epsilon}}=y_t^S=\frac{W_t}{\alpha^S P_t^S}l_t^S \tag{5.14}$$

（5）青年人最终品出清条件：

$$1=(P^Y=)[(\gamma^Y)^{\epsilon}(P^M)^{1-\epsilon}+(1-\gamma^Y)^{\epsilon}(P^S)^{1-\epsilon}]^{\frac{1}{1-\epsilon}} \tag{5.15}$$

（6）老年人最终品出清条件：

$$\frac{\rho(1-\delta+r)}{\psi}$$

$$=(P^O=)[(\gamma^O)^{\epsilon}(P^M)^{1-\epsilon}+(1-\gamma^O)^{\epsilon}(P^S)^{1-\epsilon}]^{\frac{1}{1-\epsilon}} \tag{5.16}$$

特别地，当效用函数是 CD 形式时，即 $\theta=1$，式（5.12）至式（5.16）变为：

式（5.12′）：$\dfrac{h^M \cdot (l^M/l^S)+h^S}{(l^M/l^S)+1}=\dfrac{\rho r}{1+\rho}(l^O/l^Y)$

式（5.13′）：$\left[1-(1-\delta)\dfrac{\rho}{1+\rho}(l^O/l^Y)\right]\dfrac{\left(\dfrac{\gamma^Y}{1-\gamma^Y}\right)^{\epsilon}\left(\dfrac{p^M}{p^S}\right)^{1-\epsilon}}{1+\left(\dfrac{\gamma^Y}{1-\gamma^Y}\right)^{\epsilon}\left(\dfrac{p^M}{p^S}\right)^{1-\epsilon}}$

$$+\frac{\rho(1-\delta+r)}{1+\rho}(l^O/l^Y)\frac{\left(\dfrac{\gamma^O}{1-\gamma^O}\right)^{\epsilon}\left(\dfrac{p^M}{p^S}\right)^{1-\epsilon}}{1+\left(\dfrac{\gamma^O}{1-\gamma^O}\right)^{\epsilon}\left(\dfrac{p^M}{p^S}\right)^{1-\epsilon}}$$

$$=\frac{1}{\alpha^M}\left(\frac{l^M}{l^Y}\right)=\frac{1}{\alpha^M}\frac{(l^M/l^S)}{(l^M/l^S)+1}$$

式 (5.14′)：$\left[1-(1-\delta)\dfrac{\rho}{1+\rho}(l^O/l^Y)\right]\dfrac{1}{1+\left(\dfrac{\gamma^Y}{1-\gamma^Y}\right)^{\epsilon}\left(\dfrac{p^M}{p^S}\right)^{1-\epsilon}}$

$\qquad+\dfrac{\rho(1-\delta+r)}{1+\rho}(l^O/l^Y)\dfrac{1}{1+\left(\dfrac{\gamma^O}{1-\gamma^O}\right)^{\epsilon}\left(\dfrac{p^M}{p^S}\right)^{1-\epsilon}}$

$=\dfrac{1}{\alpha^S}\left(\dfrac{l^S}{l^Y}\right)=\dfrac{1}{\alpha^S}\dfrac{1}{(l^M/l^S)+1}$

式 (5.15′)：$1=(P^Y=)\left[(\gamma^Y)^{\epsilon}(P^M)^{1-\epsilon}+(1-\gamma^Y)^{\epsilon}(P^S)^{1-\epsilon}\right]^{\frac{1}{1-\epsilon}}$

式 (5.16′)：$\dfrac{\psi}{\rho(1-\delta+r)}$

$=(P^O=)\left[(\gamma^O)^{\epsilon}(P^M)^{1-\epsilon}+(1-\gamma^O)^{\epsilon}(P^S)^{1-\epsilon}\right]^{\frac{1}{1-\epsilon}}$

下面分 $\gamma^Y=\gamma^O$，$\gamma^Y>\gamma^O$ 两种情况来讨论：

特例：$\gamma^Y=\gamma^O$

此时 Y、O 在需求面上无差异，$p^O=p^Y=1$ 始终成立。老龄化只会在供给面影响价格，由于 S 部门更密集地使用劳动力，因此 p^S/p^M 上升。整理式（5.14′）后再将式（5.12′）代入，可得到：

$$\left[1+\dfrac{h^M(l^M/l^S)+h^S}{(l^M/l^S)+1}\right]\dfrac{1}{1+\left(\dfrac{\gamma}{1-\gamma}\right)^{\epsilon}\left(\dfrac{p^M}{p^S}\right)^{1-\epsilon}}$$

$$=\dfrac{1}{\alpha^S}\dfrac{1}{(l^M/l^S)+1} \tag{5.17}$$

进而解得：

$$\frac{1}{\alpha^M} \cdot (l^M/l^S) + \frac{1}{\alpha^S} = \frac{1 + \left(\frac{\gamma}{1-\gamma}\right)^\epsilon \left(\frac{p^M}{p^S}\right)^{1-\epsilon}}{\alpha^S} \tag{5.18}$$

显然，当 p^S/p^M 上升时，l^M/l^S 下降。

结论 1　当 $\gamma^Y = \gamma^O$ 时，只有供给面因素起作用，这时，p^S/p^M 的上升会导致更多劳动力进入 S 部门，进而 l^M/l^S 下降。

一般情形：$\gamma^Y > \gamma^O$

此时 Y、O 在需求面上也存在差异，表现为 Y 代人更偏好 M 部门产品。此时，老龄化一方面会使 S 部门的相对供给曲线内移，同时也会使 S 部门的相对需求曲线外移（因为 O 代人更偏好 S 部门产品），供需两方面因素都会使得 p^S/p^M 上升。为了对应于"特例"的讨论，整理式（5.14'）后再将式（5.12'）代入，并在两端同时乘以 $(l^M/l^S) + 1$，得到：

$$\left(\frac{1}{\alpha^M}(l^M/l^S) + \frac{1}{\alpha^S}\right) \frac{1}{1 + \left(\frac{\gamma^Y}{1-\gamma^Y}\right)^\epsilon \left(\frac{p^M}{p^S}\right)^{1-\epsilon}}$$

$$+ \left[h^M(l^M/l^S) + h^S\right]$$

$$\frac{1-\delta+r}{r} \left[\frac{1}{1 + \left(\frac{\gamma^O}{1-\gamma^O}\right)^\epsilon \left(\frac{p^M}{p^S}\right)^{1-\epsilon}} - \frac{1}{1 + \left(\frac{\gamma^Y}{1-\gamma^Y}\right)^\epsilon \left(\frac{p^M}{p^S}\right)^{1-\epsilon}}\right]$$

$$= \frac{1}{\alpha^S} \tag{5.19}$$

可以看到，等式（5.19）的等号左边第一项和"特例"（$\gamma^Y = \gamma^O$）完全一样，而第二项在 $\gamma^Y = \gamma^O$ 时消失，这是 $\gamma^Y \neq \gamma^O$ 所

带来的需求面影响。由于 p^S/p^M 上升，因此 $\dfrac{1}{1+\left(\frac{\gamma^Y}{1-\gamma^Y}\right)^\epsilon\left(\frac{p^M}{p^S}\right)^{1-\epsilon}}$

以及 $\dfrac{1}{1+\left(\frac{\gamma^O}{1-\gamma^O}\right)^\epsilon\left(\frac{p^M}{p^S}\right)^{1-\epsilon}}-\dfrac{1}{1+\left(\frac{\gamma^Y}{1-\gamma^Y}\right)^\epsilon\left(\frac{p^M}{p^S}\right)^{1-\epsilon}}$[1]均上升。由

于等式（5.19）右边为常数，因此，如果 r 下降，那么可以推出 (l^M/l^S) 下降；反之，若 r 上升，则可由式（5.12′）直接看出 (l^M/l^S) 下降〔因为此时 r、(l^O/l^Y) 均上升；而当 $\alpha^M<\alpha^S$ 时，即 $h^M<h^S$ 时，等式左端是 (l^M/l^S) 的减函数〕。

结论 2　当 $\gamma^Y>\gamma^O$ 时，即供给面、需求面因素均起作用，这时一方面 p^S/p^M 的上升会导致更多劳动力进入 S 部门，另一方面由于 S 的相对需求增加，l^M/l^S 下降。

5.2.7　规模效应及构成效应

我们以部门间的就业比度量产业结构，由式（5.4）、式（5.5）变形可得：

$$\frac{l_{Mt}}{l_{St}}\triangleq\frac{l^Y_{Mt}+l^O_{Mt}}{l^Y_{St}+l^O_{St}}=\left(\frac{1-h_M}{1-h_S}\right)\frac{P_{Mt}y_{Mt}}{P_{St}y_{St}}f(w^Y_t/w^O_t) \qquad (5.20)$$

式中，$P_{Mt}y_{Mt}/P_{St}y_{St}$ 是两部门的产值比，可以称之为规模效应（scale effect，SE）。此外，$f(w^Y_t/w^O_t)=[w^Y_t/w^O_t+h_M/$

---

① 需要满足 $\left(\frac{\gamma^O}{1-\gamma^O}\right)^\epsilon\left(\frac{\gamma^Y}{1-\gamma^Y}\right)\left(\frac{P^M}{P^S}\right)^{1-\epsilon}>1$。

$(1-h_M)]/[w_t^Y/w_t^O+h_S/(1-h_S)]$ 是关于两代人相对工资的函数，可以称之为构成效应（composition effect，CE）。显然，通过改变相对工资，工人的年龄结构会从供给面影响 CE。同时，还会从需求面影响 SE。为了进一步看清这一点，由式（5.6）可看出，部门总产值等于消费者需求，因此，$P_{Mt}y_{Mt}=\alpha_Y c_t^Y L_t^Y+\alpha_O c_t^O L_t^O$，同时 $P_{St}y_{St}=(1-\alpha_Y)c_t^Y L_t^Y+(1-\alpha_O)c_t^O L_t^O$。当每代人的消费固定不变时，年龄结构仅仅会通过改变消费者构成结构，也就是 L_t^Y/L_t^O 来影响 SE。考虑相对人口规模不变的稳态，也就是 $L_t^Y/L_t^O\equiv n$，利率和相对工资均为常数。SE 和 CE 可以写为：

$$SE=\frac{\alpha_Y n+\alpha_O\beta(1+r)}{(1-\alpha_Y)n+(1-\alpha_O)\beta(1+r)},$$

$$CE=\frac{w+h_M/(1-h_M)}{w+h_S/(1-h_S)} \tag{5.21}$$

正如前面谈到的，年龄结构会通过改变相对工资来影响 CE，并且会通过 n 的直接影响和 r 的间接影响作用于 CE，这些结论主要得益于有关对数效用函数的假定。将 SE 和 CE 分别对 n、r 和 w 求偏导，易得：

$$\frac{\partial SE}{\partial n}>0 \text{ iff } \gamma^Y>\gamma^O,\quad \frac{\partial SE}{\partial r}<0 \text{ iff } \gamma^Y>\gamma^O,$$

$$\frac{\partial CE}{\partial w}<0 \text{ iff } h_M>h_S \tag{5.22}$$

上述结果可以总结为如下引理：

引理 1　工人的年龄结构对于产业结构会产生两种效应。其一是需求面的规模效应，这意味着青年工人会在工业品上支出更多，也就是 $\gamma^Y > \gamma^\rho$，这一效应会随着相对人口比例 n 的增加而增加，但会随着利率 r 的增加而下降。其二是构成效应，通过供给面发挥作用。如果工业部门更多依赖于青年工人，也就是 $h_M > h_S$，这一效应会随着相对工资 w 的上升而递减。

工人年龄结构的净效果取决于均衡状态下 n 如何影响 r 和 w。在一个老龄化的进程中，青年工人的相对工资会因为供给的相对稀缺而上升。由引理1可知，只要 $h_M > h_S$，就会造成相对工资的上升。

引理 2　工人年龄结构的老龄化会提高青年工人的相对工资，同时降低利率。SE、CE 均会随着劳动力的老龄化而递减。也就是说，工人年龄结构的老龄化会使工业部门相对萎缩，同时使服务业部门相对扩张。

相关实证文章发现，工业产品相对于服务业产品的支出会随着代表性工人的年龄增加而递减（Aguiar and Hurst，2013；Mao and Xu，2014）。同时，研究还发现，工人从第二产业进入第三产业的概率会随着其年龄增加而递增。这些证据都与我们假定的关系式（$\gamma^Y > \gamma^\rho$）相吻合（Mao and Xu，2015）。

5.3　实证研究

图 5-1 反映了年龄结构与产业结构间的相关关系，数据

来源是世界银行的 WDI 数据库，时间跨度为 1980—2010 年。图中纵轴是各国制造业/服务业就业比与其历史均值之差，横轴是各国老年抚养比与其历史均值之差。当人口增速相对稳定时，老年抚养比应该与年龄结构（青年劳动力/老年劳动力）存在一一对应关系。由于后者没有很直接的可得的度量指标，因此，我们选择用老年抚养比作为一个替代指标。

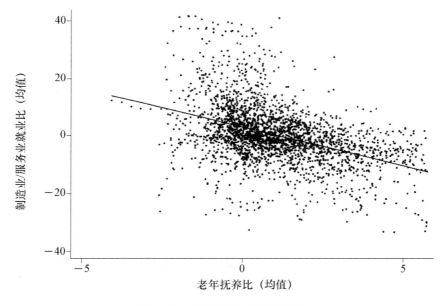

图 5-1 产业结构与老年抚养比

资料来源：WDI 数据库。

可以看出，偏老龄化的人口结构（老年抚养比高），对应于相对较低的工业/服务业就业比。

图 5-1 仅仅反映了产业结构和人口结构间的相关关系，下面我们进行了更为严谨的实证回归，结果列于表 5-1 中。其中，数

据依旧来自 WDI 数据库,并且仍以老年抚养比作为年龄结构的代
理变量。被解释变量是工业/服务业的相对就业比,可以看到,它
与老年抚养比间存在显著的负相关关系〔第(1)列〕。在第(2)
列中,我们进一步控制了人均 GDP(对数)及其平方项。第(3)
列中,又加入了政府支出、出口、进口占 GDP 的比例。尽管老年
抚养比的系数的绝对值有所下降,但它始终显著为负,证明其与
被解释变量间的负相关关系十分稳健。在第(4)列中,我们把样
本限制在 2008 年国际金融危机前,此时系数进一步变小。一个可
能的解释是受国际金融危机影响最大的应该是那些发达国家,这
些国家的老年抚养比往往较高,而它们的金融部门(属于服务业)
也是在此轮金融危机中受创最为严重的,这会使得工业/服务业的
就业比例上升,进而抬高全样本的估计值,因此,我们会发现老
年抚养比的系数在危机前的子样本中较小。

作为稳健性检验,我们最希望找到工人年龄结构的直接度
量变量。帕尔格雷夫世界历史统计中,给出了分性别、分年龄
段的人口统计,时间跨度从 1846 年开始。可以说,这是度量
年龄结构最理想的数据来源,但其缺陷在于:一是数据每十年
才记录一次,二是样本只涵盖了 22 个发达国家。文献中对于
年龄结构并没有很明确的定义,因此,我们分别尝试以 35 岁
或 45 岁作为青年劳动力和老年劳动力的划分点,结果分别列
于表 5-1 第(5)列和第(6)列。类似地,年龄结构和产业
结构再次显示出负相关性。

表 5 - 1　产业结构与年龄结构

因变量：工业/服务业就业比	WDI				IHS	
	(1)	(2)	(3)	(4)	(5)	(6)
老年抚养比	-1.799***	-1.534***	-1.573***	-2.390***		
	(0.145)	(0.143)	(0.145)	(0.191)		
$\dfrac{老年工人(35\sim64)}{青年工人(15\sim34)}$					-0.289*	
					(0.147)	
$\dfrac{老年工人(45\sim64)}{青年工人(15\sim44)}$						-0.964**
						(0.391)
$\ln GDPPC$		11.60**	1.917	0.111	748.0***	762.5***
		(5.380)	(5.586)	(7.261)	(71.12)	(68.14)
$(\ln GDPPC)^2$		-1.150***	-0.569*	-0.790*	-40.25***	-40.81***
		(0.324)	(0.338)	(0.421)	(4.134)	(3.960)
政府支出/GDP			0.0784	0.0925	-0.0985	0.176
			(0.0892)	(0.103)	(0.713)	(0.706)
出口/GDP			0.115***	0.137**	0.757**	0.741**
			(0.0434)	(0.0537)	(0.375)	(0.371)
进口/GDP			-0.197***	-0.226***	-1.331***	-1.513***
			(0.0435)	(0.0529)	(0.493)	(0.498)

续表

因变量：工业/服务业就业比	WDI				IHS	
	(1)	(2)	(3)	(4)	(5)	(6)
Country FEs	Yes	Yes	Yes	Yes	Yes	Yes
Year FEs	Yes	Yes	Yes	Yes	Yes	Yes
常数项	91.03***	71.32***	148.6***	144.2***	−3 242***	−3 313***
	(2.417)	(23.60)	(24.77)	(32.51)	(316.7)	(302.0)
R-squared	0.387	0.380	0.392	0.291	0.793	0.797
样本量	3 342	3 221	3 155	2 520	123	123
组数	196	190	186	179	22	22

注：***，**和*分别代表在1%，5%和10%统计水平上显著。括号内是标准误。

为了进一步讨论年龄结构对产业结构的影响，在表 5－2 中我们进一步按不同性别进行了回归，控制变量同表 5－1。其中，前 3 列是全样本结果，表 5－2 中第（4）～（6）列和第（7）～（9）列分别是在男性、女性 A 组的基础上划分的年龄结构。除了分性别，我们还选用多个临界值对"老年-青年人口占比"进行分段。由于数据中年龄构成是每五年一记，因此，我们可以依次选择 25 岁、35 岁、45 岁作为临界值，结果见表 5－2。可以看出，无论以哪个年龄作为"老年-青年人口占比"的划分依据，一个一致的结果都是随着老年人口相对占比的增加，工业部门相对服务业部门来说会萎缩，并且这一结果对于全样本和分男性、女性的样本均成立。此外，从系数大小上看，男性人口结构的结果与全样本的结果更为接近，这表明主导人口结构对产业结构影响的仍是男性。

上文所提的表 5－1、表 5－2，均使用"老年-青年人口占比"来度量一国的年龄结构。有别于此，在表 5－3 中我们同时加入了青年人、老年人的各自人数，这样做的好处是可以区分同样是"老年-青年"相对比例下降，究竟是老年人口增加的影响大，还是青年人口减少的影响更大。在表 5－3 中我们依旧按性别分组，并依次选择 25 岁、35 岁、45 岁作为年龄临界值进行回归，控制变量同表 5－1。其中，第（1）～（3）列是全样本结果，第（4）～（6）列和第（7）～（9）列分别是在男性、女性分组的基础上划分的年龄结构。一个有趣的结果是，当以 25 岁

表 5-2 产业结构与年龄结构（分性别）

因变量： 工业/服务业就业	全样本			男性			女性		
	(1)	(2)	(3)	(4)	(5)	(6)	(7)	(8)	(9)
老年工人（25~64）/年轻工人（15~24）	-0.096 2** (0.046 5)			-0.095 7** (0.045 9)			-0.084 5* (0.045 4)		
老年工人（35~64）/年轻工人（15~34）		-0.289* (0.147)			-0.276* (0.141)			-0.276* (0.150)	
老年工人（45~64）/年轻工人（15~44）			-0.964** (0.391)			-0.902** (0.358)			-0.794** (0.376)
观测值	123	123	123	123	123	123	122	122	122
R-squared	0.794	0.793	0.797	0.794	0.793	0.798	0.791	0.791	0.793
ID数	22	22	22	22	22	22	22	22	22

注：***、** 和 * 分别代表在 1%、5% 和 10% 统计水平上显著。括号内是标准误；控制度量同表 5-1，这里不再列出。

表 5 - 3　产业结构与各年龄段人数（分性别）

因变量：制造业/服务业就业	全样本			男性			女性		
	(1)	(2)	(3)	(4)	(5)	(6)	(7)	(8)	(9)
青年 (15~24岁)	0.004 15*			0.008 05*			0.008 56*		
	(0.002 16)			(0.004 26)			(0.004 33)		
老年 (25~64岁)	−0.001 89***			−0.003 92***			−0.003 56***		
	(0.000 612)			(0.001 24)			(0.001 19)		
青年 (15~34岁)		0.001 49**			0.003 12**			0.002 54*	
		(0.000 747)			(0.001 44)			(0.001 52)	
老年 (35~64岁)		0.000 474			0.000 710			0.001 08	
		(0.000 547)			(0.001 10)			(0.001 08)	
青年 (15~44岁)			0.001 65***			0.003 30***			0.003 07***
			(0.000 529)			(0.000 987)			(0.001 11)
老年 (45~64岁)			−0.000 676			−0.001 75			−0.001 00
			(0.000 982)			(0.001 91)			(0.001 97)
样本量	123	123	123	123	123	123	123	123	123
R-squared	0.409	0.810	0.814	0.411	0.809	0.814	0.406	0.809	0.812
ID数	22	22	22	22	22	22	22	22	22

注：***，**和*分别代表在1%、5%和10%统计水平上显著。括号内是标准误；控制变量同表5-1，这里不再列出。

作为"老年-青年"人口分界点时,青年人口减少、老年人口增多均会显著扩大服务业就业占比,但从系数大小来看,青年人口变化对产业结构变迁的影响约是老年人口变化影响的 2～3 倍。但随着年龄临界值的上升,即分别以 35 岁、45 岁作为两组人口的划分标准时,老年人口数目对产业结构的影响不再显著,而青年人口数目影响始终在 1% 的水平上显著。这给我们的一个启示是:同样是"老年-青年"人口占比的增加,对产业结构发挥作用的渠道主要是青年人口数目的减少,而非老年人口数目的增加。拓展推论是,"人才外流"(brain drain)对于一国工业萎缩的影响会远远超过单纯人口老龄化带来的后果。

5.4　小结

本章通过构建一个理论模型,试图说明年龄结构对于产业结构的影响。这种影响可以分为两方面:一是从需求面出发的规模效应,这会受到两种方向相反的作用影响,而最终更明显的是由"老年-青年"人口比例的变化导致的直接效果;二是从供给面出发的构成效应,它反映了企业面临两类工人相对工资变化而做出的调整,取决于部门对于不同工人的依赖程度。由于规模效应、构成效应作用方向相同,因此,当人口结构趋于老龄化时，工业/服务业的就业比例就逐渐下降，这一推论也得到了长期跨国数据的证明。

这一结论对于正面临日趋严峻老龄化形势的中国也具有启示意义。茅锐和徐建炜（2014）利用 2002—2009 年城镇住户的调查数据，发现不同年龄人群的消费支出结构存在显著异质性（见图 5-2）。少儿在食品、教育文化娱乐服务和衣着方面的支出较高，成人在衣着、家庭设备及服务、交通和通信、居住方面的支出较高，老人在食品和医疗保健方面的支出较高。未来，随着我国逐渐步入老龄化社会，可以预计，不同产业间的分化现象将日益凸显。为了更好地应对因年龄结构变化导致

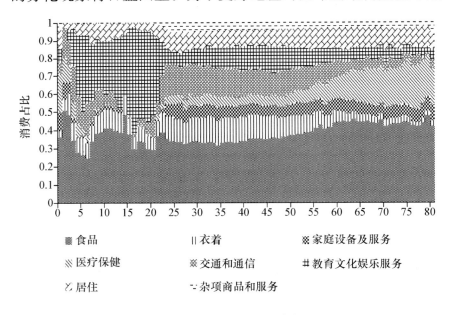

图 5-2　消费结构随年龄的变化

资料来源：茅锐，徐建炜. 人口转型、消费结构差异和产业发展. 人口研究，2014.

的产业结构变迁，有必要根据居民消费结构的走势制定产业政策，以防止出现产业发展与消费结构间的错配，以免对我国向内需拉动型增长方式的转变产生不利影响。

第6章 结构转型的国别经验 及对中国的启示[①]

6.1 引言

正如第3章所述，结构转型之所以能够促进经济增长，很重要的一个原因就是工业部门的相对扩张。由于工业部门生产率进步往往快于服务业，因此工业部门的扩张能够提升经济体整体的增长速度。纵观各国结构转型的历程，世界多数经济体的经济结构演进基本遵循"第一产业占比持续下降、第二产业占比先升后降、第三产业占比持续上升"的规律。以工业部门增加值占比达到顶峰为分界点，可以将经济体的结构演进划分为两个阶段：前一阶段以工业化为核心，后一阶段以服务业的

[①] 本章内容系贾坤（国务院发展研究中心）和本书作者合作内容。

主导和持续扩张为突出特征。与先发国家和成功的后发追赶经济体相比，经历"中等收入陷阱"的经济体多是在工业化发展不充分的情形下就进行了结构演进的阶段转换，其结果是大量的农业人口转移到了低端服务业就业。后发追赶经济体过早进入以服务业为主导的经济结构阶段将导致技术进步和生产率增速放缓。此外，由于劳动力由服务业向工业转移的"再工业化"结构调整难度很大，低端服务业主导的就业结构存在很强的"自我锁定"效应，这会进一步加大结构转型和经济增长的难度。

随着近年来工业增加值占比进入下降通道、服务业成为首位增加值占比产业，我国已经开始结构演进的阶段转换。要在结构演进的新阶段实现经济的平稳增长，避免过快地"去工业化"，就需要借鉴不同类型国家的经验，正确认识我国结构转型面临的形势和风险，制定合理的结构目标和产业政策。这一观点也与刘伟（1995）、刘伟和李绍荣（2002）等研究类似，通过对比发达国家经济的初期发展与发展中国家的经济发展轨迹，他们发现对于那些未完成工业化的国家，工业部门仍是经济增长的主要动力所在。

近年来，我国第三产业增加值占比不断上升，并于2012年开始超过第二产业，成为国民经济中占比最高的产业部门，由此我国经济结构进入了以服务业为主导的发展新阶段。梳理结构演进阶段转换的不同类型国家的经验，在此基础上正确认识我国经济结构变化的逻辑和含义，是未来谋划制定合理的产业结构目标和产业政策的基础。

6.2　结构转型的国别经验

6.2.1　先发国家的结构转型经验事实

整理相关数据可以发现，在经济发展过程中，先发国家的结构演进（见图 6-1）呈如下典型规律：

（1）从就业结构与产业结构的变化时序来看，三类产业的就业占比与增加值占比的变化基本同步、一致。

（2）从产业占比的变化轨迹来看，三类产业明显不同。第一产业农业就业占比和增加值占比随人均 GDP 上升而持续下降；第二产业工业就业占比和增加值占比随人均 GDP 上升而先升后降，呈"倒 U 形"轨迹；第三产业服务业就业占比和增加值占比随人均 GDP 上升而持续上升。

（3）从三类产业的联动变化来看，结构演进清晰地呈现为两个阶段。第一个阶段是劳动力由农业部门向工业和服务业部门转移，产业演进以工业化为核心。第二个阶段是在工业发展达到波峰后，劳动力由工业部门向服务业部门转移，产业演进以服务业的主导和持续扩张为特征。

（4）从结构演进阶段转换时的发展条件来看，先发国家结构演进的阶段转换是在工业化充分发展后进行的。其主要标志是，先发国家工业的就业和增加值占比到达顶点时都已成为高

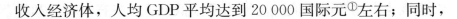

收入经济体，人均 GDP 平均达到 20 000 国际元①左右；同时，

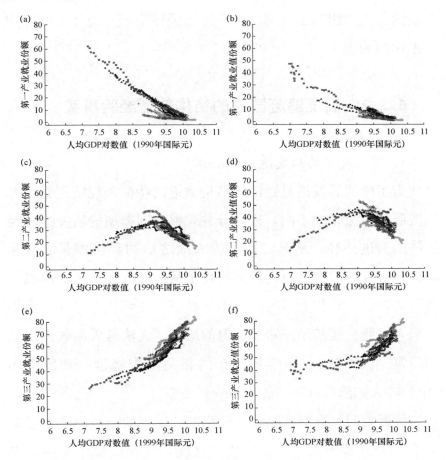

图 6-1　先发国家就业结构和产业结构的变化路径

注：（a）农业就业占比，（b）农业就业增加值占比，（c）工业就业占比，（d）工业就业增加值占比，（e）服务业就业占比，（f）服务业就业增加值占比。

数据包含国家如下：美国、英国、法国、荷兰、瑞典、西班牙、芬兰、日本、韩国。

资料来源：Maddison Project Database 2018 ［DB/OL］. https://www. rug. nl/ggdc/historicaldevelopment/ maddison/releases/maddison-project-database-2018；EU Klem. Growth and Productivity Accounts. Statistical Mmdule，ESA 2010 and ISIC Rev ［DB/OL］. https://www. rug. nl/ggdc/productivity/eu-klems/.

---

① 1990 年不变价，Maddison Project Database 提供，以下所用国际元单位和资料来源皆同。

农业就业占比和增加值占比平均已降低到 5% 左右；农业和服务业的劳均产出与工业部门的差距已经较小，三类产业的劳均产出比约为 1.1∶1.1∶0.9。

6.2.2　后发追赶国家的结构转型经验事实

1. 不同类型的后发追赶经济体

为了厘清后发追赶经济体结构演进的特征和经济逻辑，可以按照增长绩效的不同，来划分并观察不同类型的后发追赶经济体的演进路径。从第二次世界大战之后的经济增长表现来看，只有少数后发追赶经济体实现了从中低收入水平向高收入水平的跨越。有相当多的后发追赶经济体在到达中等收入水平后陷入发展放缓甚至停滞、倒退的局面，无法跨入高收入国家的门槛。世界银行 2008 年发布的相关报告将这一现象称为"中等收入陷阱"（Gill and Kharas，2007）。

数据表明，典型的陷入"陷阱"的国家的增长停滞主要发生于 10 000 美元以下的中等收入区间，因此应集中关注后发追赶经济体在 5 000～10 000 美元[①]区间的增长表现。人均 GDP 从 5 000 美元出发突破 10 000 美元的国家在 5 000～10 000 美元区间停留的时长的中位数为 15 年，因此，可以将经济体在这一区间停留 15 年以上视为其遭遇"中等收入陷阱"

---

① 数据来自 PWT9.0，本节其余部分所用美元单位和数据与此相同。

的一种界定。根据这一界定，可以将后发追赶经济体分为三组来观察其结构演进特征，分别是：

（1）成功的后发追赶经济体，即以较快的增长速度通过了中等收入阶段，顺利进入高收入经济体行列。

（2）次一级后发追赶经济体，即人均 GDP 在 5 000～10 000 美元这一区间停留了较长时间，但最终突破了 10 000 美元的追赶经济体。

（3）艰难的后发追赶经济体，即人均 GDP 在 5 000～10 000 美元这一区间停留了较长时间，并且目前还没有进入高收入阶段的追赶经济体。

后两组是经历了"中等收入陷阱"的经济体。各组具体包括的经济体见表 6-1。

表 6-1　增长表现不同的后发追赶经济体

组别	典型经济体
成功的后发追赶经济体	日本、韩国、中国台湾、中国香港、新加坡、以色列、奥地利、塞浦路斯、德国、芬兰、希腊、意大利、西班牙
次一级后发追赶经济体	保加利亚、匈牙利、爱尔兰、波兰、葡萄牙、白俄罗斯、黑山、马耳他、土耳其、土库曼斯坦、黎巴嫩、墨西哥、多米尼加、智利、乌拉圭、加蓬
艰难的后发追赶经济体	阿根廷、巴西、哥伦比亚、委内瑞拉、巴拿马、泰国、马来西亚、马其顿、塞尔维亚、罗马尼亚、南非

2. 后发追赶经济体结构演进的特征事实

（1）成功的后发追赶经济体的结构演进特征。

成功的后发追赶经济体结构演进的路径特征与先发国家具有较高的相似性（见图 6-2）。

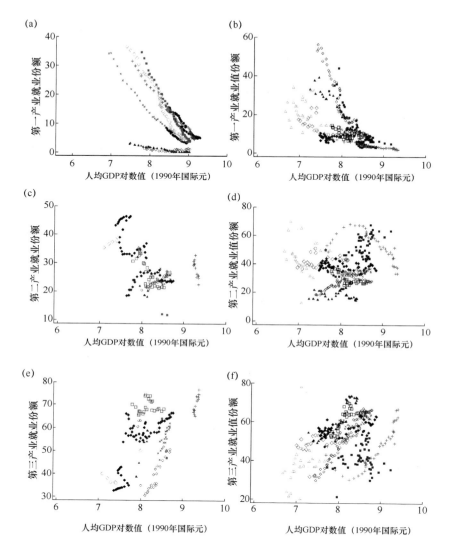

图6-2　成功的后发追赶经济体的结构转型

注：（a）农业就业占比，（b）农业就业增加值占比，（c）工业就业占比，（d）工业就业增加值占比，（e）服务业就业占比，（f）服务业就业增加值占比。

数据包含国家如下：美国、英国、法国、荷兰、瑞典、西班牙、日本、韩国。

资料来源：Maddison Project Database 2018 ［DB/OL］．https：//www. rug. nl/ggdc/historicaldevelopment/maddison/releases/maddison-project-database-2018；EU Klem．Growth and Productivity Accounts. Statistical Mmdule，ESA 2010 and ISIC Rev ［DB/OL］．https：//www. rug. nl/ggdc/productivity/eu-klems/．

一是就业结构与产业结构基本同步变化。

二是经济结构同样呈现"第一产业占比不断下降、第二产业占比先升后降、第三产业占比不断上升"的特征。

三是结构演进阶段转换时，工业化水平已比较高：人均GDP 平均达到 14 500 国际元左右；农业向工业和服务业的就业转移已比较充分，农业就业占比平均降到 13%左右；三类产业劳均产出比为 0.5∶1.2∶1。

（2）经历"中等收入陷阱"的追赶经济体结构演进特征（见图 6-3）这组经济体的结构演进路径特征与先发国家和成功的后发追赶经济体的结构演进特征明显不同。

一是就业结构的演进明显滞后于产业结构的演进，农业就业占比的下降慢于农业增加值占比的下降。

二是结构演进阶段转换是在工业化发展不足的条件下进行的。具体表现是：工业部门的增加值占比达到顶点时，人均 GDP 平均约为 4 500 国际元；农业部门还有大量待转移劳动力，农业就业占比平均约为 25%；三类产业劳均占比约为0.5∶2∶1，工业相对农业和服务业的劳均产出还比较高，劳动力跨部门再配置的空间还很大。

三是与先发国家和成功的后发追赶经济体相比，经历"中等收入陷阱"国家的结构变化，特别是工业部门的就业和增加值占比在结构演进阶段转换后的变化速度明显要更加缓慢，一些国家甚至可以说出现了"演进停滞"（见图 6-4）。

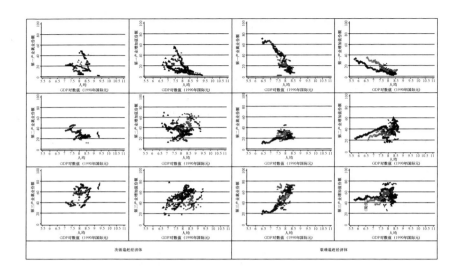

图 6-3 经历"中等收入陷阱"的经济体的结构转型

资料来源：Maddison Project Database 2018 ［DB/OL］. https://www. rug. nl/ggdc/histori-caldevelopment/ maddison/releases/maddison-project-database-2018；World KLEMS data，http://www. worldklems. net/data. htm. ；World Development Indicators［EB/OL］. https://datacatalog. worldbank. org/dataset/ world-development-indicators；Groningen Growth and Development Centre ［EB/OL］. https://www. rug. nl/ggdc/.

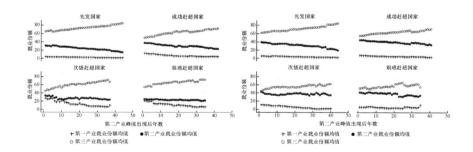

图 6-4 不同经济体结构演进阶段转换后的结构变化对比

资料来源：Maddison Project Database 2018 ［DB/OL］. https://www. rug. nl/ggdc/histori-caldevelopment/ maddison/releases/maddison-project-database-2018；World KLEMS data，http://www. worldklems. net/data. htm. ；World Development Indicators ［EB/OL］. https://datacatalog. worldbank. org/dataset/ world-development-indicators；Groningen Growth and Development Centre ［EB/OL］. https://www. rug. nl/ggdc/.

四是与先发国家相比，后发追赶经济体在结构演进的第二阶段，服务业的就业吸纳作用更大程度上是依靠非生产性服务业的扩张，服务业行业结构相对低端（见图6-5）。

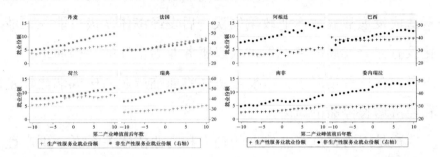

图6-5 不同经济体结构演进阶段转换前后的服务业结构变化对比

注：生产性服务业是指那些不直接用于消费、不直接产生效用，也不是用于最终产出，而是作为一种中间投入起到中间连接作用的重要角色，用于生产其他产品或服务；包含建筑业、交通仓储业和金融、保险、房地产及商业服务业。而非生产性服务业包含政府服务、餐饮和住宿；社区服务、社会服务和私人服务（Harrington and Lombard，1989；Gilmer，1990）。

资料来源：Maddison Project Database、EU KLEMS、World KLEMS、WDI。Maddison Project Database 2018 [DB/OL]. https://www. rug. nl/ggdc/historicaldevelopment/ maddison/releases/maddison-project-database-2018；EU Klem. Growth and Productivity Accounts. Statistical Mmdule，ESA 2010 and ISIC Rev [DB/OL]. https://www. rug. nl/ggdc/productivity/eu-klems/；World KLEMS data，http://www. worldklems. net/data. htm；Groningen Growth and Development Centre [EB/OL]. https://www. rug. nl/ggdc/.

6.3 不同类型经济体结构演进差异的逻辑及启示

6.3.1 不同类型经济体结构演进差异的逻辑

从以上对比不难看出，充分的工业化发展，是一个经济体从结构演进的第一阶段成功切换进入第二阶段，并继续保持经济持续平稳增长的重要条件。由于与先发国家在工业技术和生产经验积累上存在较大差距，后发追赶国家在结构演进第一阶段进行工业化追赶时往往面临着巨大挑战。如果由于主客观因素造成发展战略或产业政策失误，后发经济体就极可能在工业化没有充分发展的情况下进入以服务业为主导的结构演进第二阶段。在这种情况下，后发经济体将面临产业结构低端化锁定和经济增长停滞的风险。

这是因为，从产业发展的动力和产业依赖关系看，生产性服务业的发展比非生产性服务业更加依赖于第二产业特别是制造业的发展；而从要素需求结构来看，生产性服务业的人力资本密集程度也比非生产性服务业高。后发追赶国家进入结构演进第二阶段时，如果工业化特别是制造业的发展水平还不够高，服务业的劳动力供给是由大量的农业转移人口构成，服务业的扩张将不可避免地偏向于生活性服务业。

服务业特别是生活性服务业的技术进步和生产率提升的速度相对缓慢，服务业的增长主要依靠工业部门生产率增长带来的外溢效应和人们收入增长后需求结构变化带来的收入效应。产业结构如果由服务业主导，经济体的总体生产率增长必然受到负面影响。产业增长将更多地表现为服务业相对价格上升和产品类型横向扩张驱动的数量型增长，而不是以生产率提升和技术进步驱动的质量型增长。相对于工业而言，低端服务业还是劳动密集型产业，以低端服务业为主导的产业结构也会降低人均资本积累的速度，从而影响人均收入的增长。

更为严重的是，由于劳动力在不同部门间的就业转移成本很高（Lee and Wolpin，2006），一旦劳动力进入低端服务业之后，一个时期内就很难进行跨部门的转移。这将导致工业部门的发展和产业升级缺乏足够的劳动力支撑。依托于第二产业的生产性服务业发展也将受到抑制，产业结构和就业结构就会锁定在相对低端的水平上。因此，一些后发追赶国家陷入"中等收入陷阱"，与其在结构演进过程中过早地"去工业化"是分不开的。

6.3.2 不同类型经济体结构演进差异的启示

第一，必须综合就业结构和产业结构来认识后发追赶国家的结构演进问题。后发追赶国家在结构演进过程中，往往会出现就业结构变化滞后于产业结构变化的现象。对于这些经济体，其在工业增加值占比达到顶点时，农业增加值占比并不高，三类产业的增加值结构并没有与先发国家表现出明显差异；但从就业结构来看，此时其农业劳动力占比还较高，这是后发追赶国家结构演进进入第二阶段时面临的主要挑战。如果仅仅关注三类产业的增加值结构，就难以充分认识后发追赶国家结构演进可能面临的结构性风险。

第二，工业特别是制造业的技术进步和生产率提升是整个经济结构优化升级的关键，后发追赶国家必须把实现充分的工业化发展作为制定发展战略和产业政策的重心。对比先发国家和不同类型的后发追赶国家的经济结构特点，不难发现，较高的服务业占比与经济体发展水平不存在必然联系，其可能是工业化高度发展的结果，也可能在工业化程度较低的情况下出现。服务业占比提升与增长绩效也不存在必然联系。无论是先发国家还是不同类型的后发追赶国家，在结构演进过程中服务业占比都保持着持续上升的趋势。长期来看，只有工业部门的技术进步和生产率提升才是经济增长和结构优化的核心驱动力。

第三，后发追赶国家应高度重视过早"去工业化"可能导致的结构锁定风险。过早进入以服务业为主导的经济结构，虽然能够在短期内缓解大量农业转移人口的就业压力，但是也将导致工业化人口支撑不足。工业部门缺乏在劳动密集型阶段的积累学习，很难形成资本和技术以向更高阶段跃迁。结构演进和经济增长将受到影响。现实表明，后发追赶国家一旦进入以服务业为主导的经济结构，想要使劳动力从服务业转回第二产业来实现"再工业化"结构调整，没有成功先例可循。

6.4 对中国的启示

从图 6-6 的数据看，我国结构演进已经进入以服务业为主导的发展阶段。近年来，我国农业增加值占比持续下降，2009年后降至10%以下；工业增加值占比于2006年达到顶点47.4%，此后进入下降通道；服务业增加值占比不断上升，2012年达到45.5%，超过工业成为增加值占比最高的产业部门。

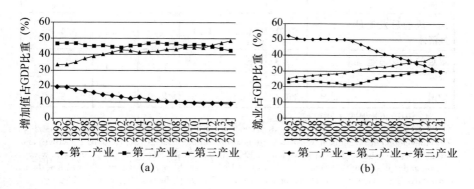

图 6-6 我国经济结构的演进（1995—2014年）

注：（a）增加值占比，（b）就业占比。
资料来源：http://www.stats.gov.cn.

相比于其他国家经验，我国进入结构演进第二阶段时的结构条件好于"中等收入陷阱"国家，但与先发国家和成功的后发追赶经济体还有明显差距。2010年，我国人均GDP达到8 032国际元，高于"中等收入陷阱"国家结构演进阶段转换时的水平，但不如先发国家和成功的后发追赶经济体。更应注意的是，2014年我国三类产业就业占比为30：30：40（见表6-2），农业就业占比远远超过先发国家和成功的后发追赶经济体结构演进阶段转换时的水平，甚至也高于"中等收入陷阱"国家的平均水平，工业就业占比明显不如先发国家和成功的后发追赶经济体。

表 6-2　不同类型经济体结构演进阶段转换时的结构特征

经济体	就业份额（％）			增加值份额（％）			人均 GDP (1990 年国际元)
	农业	工业	服务业	农业	工业	服务业	
先发国家	4.7	35.5	59.9	5.1	38.2	56.7	21 834
成功的后发追赶经济体	13.8	37.9	48.4	6.2	43.6	50.3	14 413
次一级的后发追赶经济体	27.3	31.0	45.9	12.1	49.9	38.1	4 359
艰难的后发追赶经济体	20.8	24.1	55.1	7.2	43.7	49.1	4 795
中国	33.6	30.3	36.1	9.5	45.0	45.5	9 500

注：中国的数据选自 2012 年。

资料来源：Maddison Project Database 2018 ［DB/OL］. https://www. rug. nl/ggdc/historicaldevelopment/ maddison/releases/maddison-project-database-2018；EU Klem. Growth and Productivity Accounts. Statistical Mmdule，ESA 2010 and ISIC Rev ［DB/OL］. https://www. rug. nl/ggdc/productivity/eu-klems/；World KLEMS data，http://www. worldklems. net/data. htm；Groningen Growth and Development Centre ［EB/OL］. https://www. rug. nl/ggdc/.

目前服务业成为吸纳农村户籍人口初次非农就业的重要部门。根据中国家庭追踪调查数据估计，2010 年，农村户籍人口的初次非农就业约有 51.7％是由第三产业解决的，工业部门则只吸纳了 48.3％。

不仅如此，劳动力在第二产业、第三产业之间的跨部门就业转移少，就业结构锁定特征明显。使用中国家庭追踪调查数据微观数据估计劳动力在不同产业部门之间的转移概率，能够发现，农村户籍劳动力进入服务业后再向工业部门转移的概率低于 15％，而向制造业转移的概率更是低于 2％。非农村户籍劳动力从服务业向工业部门的转移概率则更低，基本在 10％以下。

第7章　结论及建议

　　本书从汇率制度和人口结构等多维度考察了开放经济下的结构转型、经济增长。我们发现，当一国的可贸易部门发生相对更快的生产率进步时，固定汇率制度会抑制巴萨效应。基于这一基本结论，我们进一步推演出固定汇率制度对实际工资、部门劳动力配置及经济增长的影响。同时，我们还强调了一些其他基本面因素，包括外部收支头寸、出口部门占可贸易部门比例及发展阶段，这些都会与汇率制度选择发生交互影响效果。这些结果均表明，固定汇率制度的选择是可以通过压低工人工资上涨，实现一国工业部门扩张，进而带动整体经济提速的。但前提条件是该国的经常账户为盈余状态，并且拥有一个相对强劲的出口部门，同时能够维持相对较低的单位劳动力成本。

　　不可否认，工业部门对于经济赶超的意义重大，这一点也得到了跨国经验比较的支持。纵观那些赶超失败而陷入"中等收入陷阱"的国家，一个重要的教训是在工业化没有得到充分发展的情况下就进行了结构演进的阶段转换，其结果是大量的农业转移人口进入低端服务业就业，最终导致技术进步和生产率提升速度放缓。

除此之外，人口结构也会影响一国结构转型。通过引入消费者在需求面的异质性和劳动者在供给面的替代弹性差异，我们证明了老龄化会从供给、需求两方面共同作用，使得服务业相对工业扩张。

上述这些结论对于理解中国过去的增长模式及思考未来的发展方向都有重要参考意义。我们认为在之前的固定汇率制度时期，中国通过抑制劳动者收入上涨补贴了可贸易部门，进而实现了出口导向型增长。同时，低抚养比和低城市化率的"人口红利"又使得这套增长模式得以长期运转并自我强化。考虑到工业部门的技术外溢性，在工业发展早期，通过压低工人工资以补贴工业部门的做法也无可厚非，尤其是当我们以长远的历史眼光来进行政策评估时。但当工业部门已经发展到一定程度，收入差距问题已不容忽视时，固定汇率制度带来的弊端可能日益凸显，同时工业部门的获益会面临边际递减。更重要的是，未来随着中国人口老龄化及城市化率的攀升，以往的增长模式将变得越来越难以维系。基于此，更为灵活的汇率制度安排，以及与人口结构相匹配的产业格局，将有助于提高我国劳动收入份额，实现由出口导向型向内需驱动型增长方式的转变。

参考文献

白重恩，钱震杰，2010．劳动收入份额决定因素：来自中国省际面板数据的证据．世界经济（12）．

白重恩，钱震杰，武康平，2008．中国工业部门要素分配份额决定因素研究．经济研究（8）．

蔡昉，2004．人口转变、人口红利与经济增长可持续性：兼论充分就业如何促进经济增长．人口研究（2）．

蔡昉，2010．人口转变、人口红利与刘易斯转折点．经济研究（4）．

关志雄，2005．做好中国自己的事："中国威胁论"引发的思考．北京：中国商务出版社．

黄先海，徐圣，2009．中国劳动收入比重下降成因分析：基于劳动节约型技术进步的视角．经济研究（7）．

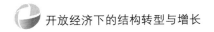

李稻葵，刘霖林，王红领，2009．GDP 中劳动份额演变的 U 型规律．经济研究（1）．

刘伟，1995．工业化进程中的产业结构研究．北京：中国人民大学出版社．

刘伟，李绍荣，2002．产业结构与经济增长．中国工业经济（5）．

卢锋，2008．中美经济外部不平衡的"镜像关系"：理解中国近年经济增长特点与目前的调整．国际经济评论（6）．

罗长远，2011．比较优势、要素流动性与劳动收入占比：对工业部门的一个数值模拟．世界经济文汇（5）．

罗长远，张军，2009．劳动收入占比下降的经济学解释：基于中国省级面板数据的分析．管理世界（5）．

罗长远，张军，2009．经济发展中的劳动收入占比：基于中国产业数据的实证研究（英文）．中国社会科学（4）．

罗长远，陈琳，2012．融资约束会导致劳动收入份额下降吗？基于世界银行提供的中国企业数据的实证研究．金融研究（3）．

茅锐，徐建炜，2014．人口转型、消费结构差异和产业发展．人口研究（3）．

孙皓，石柱鲜，2011．中国的产业结构与经济增长：基于行业劳动力比率的研究．人口与经济（2）．

王泽填，姚洋，2009．结构转型与巴拉萨-萨缪尔森效应．

世界经济（4）.

徐建炜，姚洋，2010. 国际分工新形态、金融市场发展与全球失衡. 世界经济（3）.

姚洋，余淼杰，2009. 劳动力、人口和中国出口导向的增长模式. 金融研究（9）.

余淼杰，梁中华，2014. 贸易自由化与中国劳动收入份额：基于制造业贸易企业数据的实证分析. 管理世界（7）.

张莉，李捷瑜，徐现祥，2012. 国际贸易、偏向型技术进步与要素收入分配. 经济学（季刊）（2）.

钟水映，李魁，2009. 劳动力抚养负担对居民储蓄率的影响研究. 中国人口科学（1）.

周明海，肖文，姚先国，2010. 企业异质性、所有制结构与劳动收入份额. 管理世界（10）.

祝丹涛，2008. 金融体系效率的国别差异和全球经济失衡. 金融研究（8）.

ACEMOGLU D，GUERRIERI V，2008. Capital deepening and nonbalanced economic growth. Journal of political economics，116（3）.

AGUIAR M，HURST E，2013. Deconstructing lifecycle expenditure. Journal of political economy，121（3）.

BALASSA，B，1954. The purchasing：power parity doctrine：a reappraisal. Journal of political economy，72（6）.

BAUMOL W J, 1967. Macroeconomics of unbalanced growth: The anatomy of urban crisis. American economic review, 57 (3).

BAUMOL W J, 1985. Unbalanced growth revisited: asymptotic stagnancy and new evidence. Edward natton wliff, 75 (4).

BAXTER M, STOCKMAN A C, 1988. Business Cycles and the Exchange Rate System: Some International, Evidence. Rcer working papers, 23 (3).

BLANCHARD O J, GIAVAZZI F, SA F, 2005. The u. s. current account and the dollar. Ssrn electronic journal, 1 (1).

CABALLERO R J, FARHI E, GOURINCHAS P O, 2008. An equilibrium model of "global imbalances" and low interest rates. Ssrn electronic journal, 98 (1): 358−393.

CALVO G A, 1983. Staggered prices in a utility-maximizing framework. Journal of monetary economics, 12 (3): 383−398.

CALVO G A, REINHART C M, 2002. Fear of floating. The quarterly journal of economics, 117 (2): 379−408.

CHENERY H B, 1960. Patterns of industrial growth. American economic review, 50 (4).

CHINN M D, PRASAD E S, 2003. Medium-term determinants of current accounts in industrial and developing countries: an empirical exploration. Journal of international economics, 59 (1).

CHINN M D, WEI S J, 2013. A faith-based initiative meets the evidence: does a flexible exchange rate regime really facilitate current account adjustment? Review of economics & statistics, 95 (1).

CHINN M D, ITO H, 2006. What matters for financial development? Capital controls, institutions, and interactions. Journal of development economics, 81 (1).

CHOUDHRI E U, KHAN M S, 2005. Real exchange rates in developing countries: are balassa-samuelson effects present?. IMF economic review, 52 (3).

DEBELLE G, FARUQEE H, 1996. What determines the current account? A cross-sectional and panel approach. IMF working papers, 96 (58).

DOOLEY M P, FOLKERTSLANDAU D, GARBER P M, 2003. An essay on the revived bretton woods system. Social science electronic publishing, 9 (4).

ECHEVARRIA, C, 1997. Changes in sectoral composition associated with economic growth. International economic review, 38 (2).

EICHENGREEN B, 2007. The real exchange rate and economic growth. Social & economic studies, 56 (4).

ENGEL C，2014．"Exchange Rate and Interest Parity."Chapter 8，Handbook of international economics：4．

ENGEL C，ROGERS J H，2006．The u. s. current account deficit and the expected share of world output．Journal of monetary economics，53（5）．

ETHAN I，REINHART C M.，ROGOFF K S，2017．Working paper series：Monetary economics．

FOOT D，GOMEZ R，2006．Population ageing and sectoral growth：the case of the uk 2006—2026．Oxford journal an international journal of business & economics，5（1）．

GENTE K，2006．The balassa-samuelson effect in a developing country．Review of development economics，10（4）．

GILL I S，KHARAS H．An East Asian Renaissance：Ideas for Economic Growth．An East Asian renaissance．International Bank for Reconstruction and Development/World Bank．

GILMER R W，1990．Identifying service-sector exports from major texas cities．Economic & financial policy review．

GOURINCHAS P O，JEANNE O，2005．Capital flows to developing countries：the allocation puzzle．Review of economic studies，80（4）．

HARRINGTON J W，LOMBARD J R，1989．Producerservice firms in a declining manufacturing region. Environment and planning a, 21 (1).

HERRENDORF B, ROGERSON R, Ákos Valentinyi, 2014. Chapter 6-growth and structural transformation. Handbook of Economic Growth.

ILZETZKI E, REINHART M, ROGOFF S, 2017. The country chronologies to exchange rate arrangements into the 21st century: will the anchor carrency hold? NBER working paper.

ITO T, ISARD P, SYMANSKY S, 1999. Economic growth and real exchange rate: an overview of the balassa-samuelson hypothesis in asia. Social science electronic publishing.

KAKKAR V, YAN I, 2012. Real exchange rates and productivity: evidence from asia. Journal of money credit and banking, 44 (2-3).

KALDOR N, 1961. Capital accumulation and economic growth. Palgrave Macmillan UK.

KONGSAMUT P, REBELO S, XIE D, 2001. Beyond balanced growth. Review of economic studies, 68 (4).

KUZNETS S, 1958. Quantitative aspects of the economic growth of nations: iii. industrial distribution of income and labor force by states, united states, 1919—1921 to 1955. Economic development and cultural change, 6 (4) Part 2.

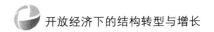

LEE D，WOLPIN K I，2006. Intersectoral labor mobility and the growth of the service sector. Econometrica，74 （1）.

LEFF N H，1980. Dependency rates and savings rates. American economic review，59 （5）.

LEVY-YEYATI E，Sturzenegger F，2003. To float or to fix：evidence on the impact of exchange rate regimes on growth. American economic review，93 （4）.

LUCAS R E，1990. Why doesn't capital flow from rich to poor countries? American economic review，80 （2）.

MAO R，XU J，2015. Labor market dynamics and structural change：evidence from china. China & world economy，23 （4）.

MAO R. XU J，2014. Population aging，consumption budget allocation and sectoral growth. China economic review，30.

MAO R，YAO Y，2012. Structural change in a small open economy：an application to South Korea. Pacific economic review，17 （1）.

BAXTER M，STOCKMAN A C，1989. Business cycles and the exchange-rate regine：Some international evidence. Journal of Monetary Economics，23 （3）.

MATSUYAMA K，2002. The rise of mass consumption societies. Journal of political economy，10 （5）.

MENCHIK P L, DAVID M, 1983. Income distribution, lifetime savings, and bequests. American economic review, 73 (73).

MENDOZA E G, 1992. A quantitative examination of current account dynamics in equilibrium models of barter economies. IMF working papers, 92 (14).

MIRER T W, 1979. The wealth-age relation among the aged. American economic review, 69 (3).

MODIGLIANI F, 1970. The life cycle hypothesis of saving and intercountry differences in the saving ratio. Induction, growth and trade.

MUNDELL R, 1961. Flexible exchange rates and employment policy. Canadian journal of economics & political science, 27 (4).

MUNDELL R, 1960. The monetary dynamics of international adjustment under fixed and flexible exchange rates. Quarterly Journal of Economics, 74 (2).

NGAI L R, PISSARIDES C A, 2007. Structural change in a multi-sector model of growth. American economic review, 97 (1).

OBSTFELD M, 1997. Foundations of international economics. Southern economic journal, 30 (1).

OBSTFELD M, ROGOFF K S, 2005. The unsustainable UScurrent account position revisited. Cepr discussion papers.

PRASAD E S, RAJAN R G, SUBRAMANIAN A, 2007. Foreign capital and economic growth. Brookings papers on economic activity, 75 (2007-1).

RODRIK D, 2008. The real exchange rate and economic growth. Brookings papers on economic activity, 2: 365-412.

ROSE A K, 2010. Exchange rate regimes in the modern era: fixed, floating, and flaky. C E P R discussion papers: 49.

SAMUELSON P A, 1964. Theoretical notes on trade problems. Review of economics & statistics, 46 (2).

SHAMBAUGH J C, 2004. The effect of fixed exchange rates on monetary policy. Quarterly journal of economics, 119 (1).

SONG Z, STORESLETEN K, ZILIBOTTI F, 2011. Growing like china. American economic review, 101 (7149).

TAYLOR A M, 2002. A century of current account dynamics. Journal of international money & finance, 21 (6).

UY T, YI K M, ZHANG J, 2013. Structural change in an open economy. journal of monetary economics, 60 (6).

WAGNER M, 2005. The balassa-samuelson effect in 'east & west': differences and similarities. Jahrbuch für wirtschaftswissenschaften, 56 (3).